Förderausgabe

Doppel-Klick

Das Sprach- und Lesebuch

6

Erarbeitet von
Margret Angel, Marion Böhme, Dorothee Braun, Amelie Erdnüss,
Martina König, Isabelle Naumann, Benjamin Schmidt, Siegfried Wengert

Cornelsen

Die Themen

Einen Kurzvortrag vorbereiten,
Präsentation
– Informationen sammeln, ordnen
  und notieren
– vor anderen sprechen:
  adressaten- und situationsgerecht
  vortragen und präsentieren
– eine Präsentation auswerten

beschreiben: eine Spielanleitung

Präpositionen

Einen Kurzvortrag vorbereiten,
Präsentation

Sachlich berichten
– aus Texten Informationen
  entnehmen
– einen berichtenden Text planen,
  schreiben und überarbeiten
– im Präteritum berichten

für die Schülerzeitung berichten

Verben im Präteritum

Sachlich berichten
einen berichtenden Text schreiben

Argumentieren
– Meinung formulieren und begründen
– Pro- und Kontra-Argumente finden und formulieren
– begründet Stellung beziehen
– einen Leserbrief schreiben

Modalverben

Argumentieren
begründet Stellung beziehen: Brief

Einen literarischen Text szenisch gestalten
– Mimik und Gestik funktional einsetzen
– gestaltend lesen und spielen

Gedichte lesen

zusammengesetzte Nomen

Einen literarischen Text szenisch gestalten

Medien und Gattungen

Medien verstehen und nutzen
Funktionen, Bild und Text

Informationsquellen gezielt nutzen: Das Internet
– eine Suchmaschine nutzen
– Ergebnisse bewerten und begründet auswählen

Literarische Texte erschließen
– literarische Texte lesen und verstehen
– eine Figur beschreiben
– Jugendbuchauszüge miterzählen, weitererzählen
– ein Buch vorstellen

Anschaulich erzählen
– eine Geschichte weitererzählen

Sagen lesen und verstehen
– Merkmale von Sagen kennen lernen
– Sagen nacherzählen

Fabeln untersuchen und selbst schreiben
– Merkmale von Fabeln kennen lernen
– Fabeln umschreiben

Einen Text überarbeiten
einen Text nach vorgegebenen Kriterien überprüfen und überarbeiten

Gedichte untersuchen: Vers, Strophe, Reim
– Merkmale von Gedichten
– Gedichte gestaltend vortragen
– konkrete Poesie erschließen

Gedichte gestaltend sprechen
– Gedichte ausdrucksvoll vorlesen, auswendig lernen

Jugendbücher kennen lernen
– Jugendbuchauszüge lesen
– Vermutungen über den Inhalt anstellen
– Leseerwartungen aufbauen

Nachschlagen und üben

Rechtschreiben

grundlegende Strukturen
des Satzes beschreiben

Zum Nachschlagen

Los geht's: Gemeinsam

Lasst uns den Absatz nochmal lesen.

💬 **1** Die Schülerinnen und Schüler arbeiten in einer Gruppe zusammen.

a. Seht euch die Fotos ⬚1⬚ bis ⬚8⬚ an.
b. • Was tun die Schülerinnen und Schüler?
   • Wie ist ihr Gesichtsausdruck?
    Wie ist ihre Körperhaltung?

>>> abgelenkt, albern, aufmerksam, konzentriert, müde, unkonzentriert, verzweifelt …

lernen

> Wir müssen die Aufgaben verteilen.

💬 **2** Wie arbeitet ihr in Gruppen zusammen?

Z 💬 **3** In welchen Situationen sprecht ihr euch in der Gruppe ab?

**In diesem Kapitel lernt ihr
Regeln für die Gruppenarbeit kennen.**

Über Gruppenarbeit nachdenken

**Gruppenarbeit ist eine besondere Form
des Zusammenarbeitens. Sie ist nicht immer einfach.**

👁

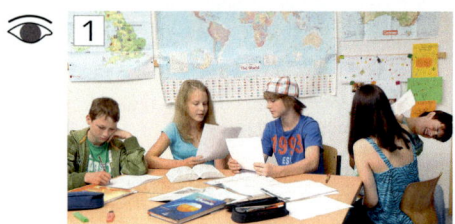  

💬 **1** **a.** Seht euch die Fotos an.
   b. Welche Schülerinnen und Schüler arbeiten
   gut zusammen? Woran könnt ihr das erkennen?

>>> sie lesen,
sie hören zu,
sie schreiben ...

💬 **2** Welche Schülerinnen und Schüler arbeiten noch nicht
so gut zusammen? Warum klappt es nicht?

>>> sie hören nicht zu,
sie reden durcheinander,
sie arbeiten nicht
miteinander ...

**Wenn es in der Gruppenarbeit nicht klappt,
gibt es einen Grund.**

👁

💬 **3** **a.** Seht euch die Fotos an.
   b. Was gefällt den Schülerinnen und Schülern nicht?
   Beschreibt.
   ✏ **c.** Was könnten die Schülerinnen und Schüler vielleicht
   denken oder sagen? Schreibt auf.

➡ „Ich habe wirklich keine Lust." ...
„Dein Dazwischenreden stört." ...

Standbilder bauen und erklären

Die Körperhaltung und der Gesichtsausdruck verraten viel darüber, ob sich jemand gut fühlt oder nicht.

A

B

4 Seht euch das Foto A an.
- Wie sind die Körperhaltung und der Gesichtsausdruck?
- Woran könnt ihr erkennen, dass sich der **Junge nicht gut fühlt**?

》》》 verschränkte Arme, hochgezogene Schultern, gebeugter Kopf …

Ein Standbild hilft, Gefühle auszudrücken und zu verstehen.

5 Stellt die Situation auf dem Foto A als Standbild nach. Beachtet dabei die Arbeitstechnik.

> ⚙ **Arbeitstechnik**
>
> **Ein Standbild bauen**
>
> - Entscheidet, **wer welche Person** darstellt. Das sind die Darstellerinnen und Darsteller.
> - **Achtet auf die Körperhaltung** (Gestik) und den **Gesichtsausdruck** (Mimik).
> - Die **Darstellerinnen** und **Darsteller** stellen sich **unbeweglich** auf. Niemand spricht.
> - Die **anderen beraten** und **korrigieren**.

6 Wie könnt ihr das Standbild ändern, damit es aussieht wie auf dem Foto B? Stellt die Situation nach. Beachtet dabei die Arbeitstechnik **Ein Standbild bauen**.

7 Baut Standbilder zu anderen Fotos von den Seiten 12 und 13.

Einen Text über Gruppenarbeit lesen

Yasmin, Micha, Leon, Nadja und Sascha sollen in Gruppenarbeit einen Text lesen und zusammenfassen.

Schräg gedruckt steht, wie sich die Jugendlichen verhalten.

 ## 📖 Gruppenarbeit ist ganz schön schwer!

1 *Nadja klopft ständig mit dem Stift auf den Tisch.*
2 **Sascha:** Lass das!
3 **Nadja:** Ich mach doch nichts!
4 **Sascha:** Doch! Du klopfst ständig mit dem Stift
5   auf den Tisch. Das nervt!
6 *Nadja legt den Stift weg und liest weiter.*

7 *Micha legt als Erster den Text weg.*
8 **Micha:** So, fertig. Und nun? Ich habe nichts kapiert.
9 **Yasmin:** Du musst dir eben Mühe geben!
10 **Micha** *wütend*: Ich gebe mir Mühe.
11   Ich habe aber nichts verstanden.
12 **Leon** *genervt*: Könnt ihr bitte leise sein?
13 *Alle schweigen, bis Leon mit dem Lesen fertig ist.*

14 **Nadja:** So. Und nun?
15 **Leon:** Die Aufgabe ist doch klar. Wir sollen den Text
16   kurz zusammenfassen und das Ergebnis den
17   anderen vortragen. Also, lasst uns anfangen.
18 *Leon nimmt seinen Block und einen Stift in die Hand.*
19 **Micha:** Ich habe nichts kapiert. Also lasst mich mal raus.
20 *Nadja nimmt auch ihren Block. Aber sie zeichnet Kästchen*
21 *auf ihr Blatt.*
22 **Sascha:** Ich hab das auch nicht verstanden.
23   Macht ihr das mal!
24 **Yasmin:** So geht das nicht. Wenn nur Leon und
25   ich arbeiten, ist das keine Gruppenarbeit!
26 **Leon:** Na los, lasst uns anfangen.

27 **Yasmin:** Also, was habt ihr verstanden?

28 **Micha:** Gar nichts. Habe ich doch schon gesagt!

29 **Leon:** Dann lasst uns den ersten Absatz nochmal

30 lesen und dann in eigenen Worten aufschreiben.

31 *Alle lesen konzentriert den Absatz.*

32 **Leon:** Wer schreibt?

33 **Micha:** Na du. Du hast doch den Block schon vor dir.

34 **Leon:** Wieso ich? Immer muss ich schreiben.

35 Was ist mit dir, Nadja? Deine Schrift ist besser.

36 **Nadja:** Nein, ich schreibe nicht.

37 **Leon:** Also?

38 **Yasmin:** Im ersten Absatz wird eine Pyramide

39 in Ägypten vorgestellt. Seht ihr das auch so?

40 *Leon nickt. Nadja und Sascha albern herum.*

41 *Micha malt auf seinem Block.*

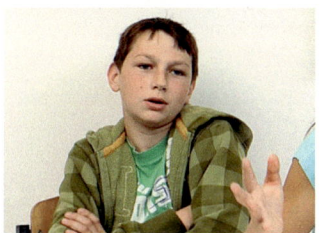

42 **Yasmin:** Leon und ich machen die ganze Arbeit allein.

43 Das ist unfair!

44 **Micha:** Ihr wollt doch immer alles alleine machen.

45 *Beleidigt verschränkt Micha die Arme und*

46 *setzt sich mit seinem Stuhl etwas weiter weg.*

 1 Wodurch stören manche Schülerinnen oder Schüler
die Gruppenarbeit?

    a. Findet in jedem Absatz ein Beispiel.
    b. Schreibt die Namen und die Beispiele auf.

> Absatz 1: Sascha möchte lesen, aber Nadja ...
> Absatz 2: Leon möchte ..., aber ...
> Absatz 3: ...

 2 Lest den Text mit verteilten Rollen.
    Tipp: Die schräg gedruckten Angaben helfen euch,
            die passende Körperhaltung und Mimik einzunehmen.

Gruppenarbeit im Rollenspiel erproben

Rollenspiele können helfen, die Gruppenarbeit zu verbessern.

 1 Bereitet Absatz 3 als Rollenspiel vor.

→ Zeile 14–26

    a. Verteilt die Rollen:
       Nadja, Yasmin, Leon, Micha und Sascha.
    b. **Wie fühlen** sich die Jugendlichen?
       Schreibt passende Adjektive auf.

⟫⟫ aufmerksam, genervt, lustlos, traurig, motiviert, verärgert …

 2 Führt das Rollenspiel durch.
Verdeutlicht die Gefühle der Jugendlichen durch Betonung, Körperhaltung und Gesichtsausdruck.

Alle anderen beobachten das Rollenspiel.
Dabei hilft ein Beobachtungsbogen.

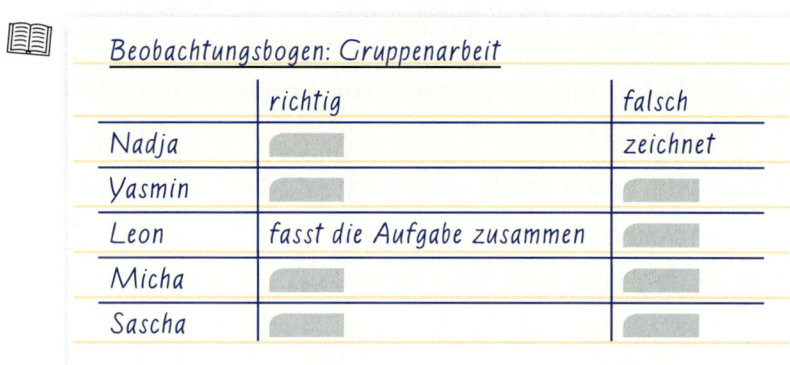

Beobachtungsbogen: Gruppenarbeit

	richtig	falsch
Nadja		zeichnet
Yasmin		
Leon	fasst die Aufgabe zusammen	
Micha		
Sascha		

 3 Wertet die Gruppenarbeit mit Hilfe des Beobachtungsbogens aus. Was war richtig? Was war falsch?

Absatz 3 könnt ihr so verändern,
dass die Gruppenarbeit gut verläuft.

 4 a. • Was könnten die Jugendlichen sagen?
       • Wie könnte ihre Körperhaltung und
        ihr Gesichtsausdruck sein?
    b. Schreibt ein Gespräch auf. Beschreibt auch das Verhalten.

 5 Spielt euer Gespräch als Rollenspiel in der Klasse.

Regeln festlegen und Aufgaben verteilen

**Damit Gruppenarbeit gelingt, halten alle Regeln ein
und jeder erledigt seine Aufgaben.**

*das Ergebnis
vortragen (einer)*

*gemeinsam arbeiten
(alle)*

ablenken (keiner)

schreiben (einer)

*über die Aufgabe
meckern (keiner)*

*die Gruppe leiten
(einer)*

*die Zeit messen
(einer)*

*zusammenarbeiten
(jeder mit jedem)*

*eine Aufgabe
erhalten (alle)*

*im Wörterbuch
nachschlagen (einer)*

 6 Ordnet die Stichworte in einer Tabelle.

→ Eine Tabelle zeichnen: Seite 278

- Welche Stichworte sind Regeln für die Gruppenarbeit?
- Welche Stichworte gehören zur Aufgabenverteilung?

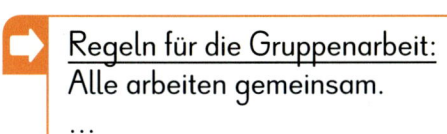

Regeln für die Gruppenarbeit	Aufgabenverteilung
gemeinsam arbeiten (alle) …	…

 7 Schreibt die Regeln und die Aufgabenverteilung
in ganzen Sätzen auf.

⟩⟩⟩ ablenken – er lenkt ab,
messen – er misst,
nachschlagen –
er schlägt nach,
vortragen – er trägt vor,
zusammenarbeiten –
er arbeitet zusammen

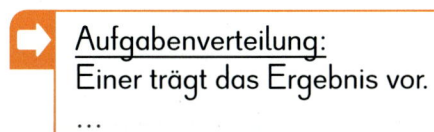

Regeln für die Gruppenarbeit:
Alle arbeiten gemeinsam.
…

Aufgabenverteilung:
Einer trägt das Ergebnis vor.
…

✋ **8** Gestaltet ein Plakat mit den Gruppenregeln.
Beachtet die Arbeitstechnik **Ein Plakat gestalten**.

→ Ein Plakat gestalten: Seite 282

Regeln für eine Gruppenarbeit

Nadja, Yasmin, Leon, Micha und Sascha haben nun gelernt, wie die Gruppenarbeit besser klappt. Oder?

1 **Micha:** Wir sollen diesen Textabschnitt bearbeiten.

2 **Sascha:** Okay. Dann lasst uns erst mal die Aufgaben

3 verteilen. Wer leitet die Gruppe?

4 **Yasmin:** Das kannst du machen.

5 Dieses Mal stoppe ich die Zeit.

6 **Leon:** Ich will nicht schreiben!

7 **Nadja:** Du hast noch gar nicht geschrieben, also bist

8 du jetzt an der Reihe. Ich nehme das Lexikon.

9 **Micha:** Ach ja, Leon. Ich wollte noch wissen,

10 wie das Training gestern war. Warst du da?

11 **Leon:** Klar, das war gut. Wir haben einen Neuen.

12 **Sascha:** He, Leute, das könnt ihr später klären.

13 *Alle lesen konzentriert den Text.*

14 *Dann beginnen sie mit der Zusammenfassung.*

15 **Nadja:** Tut mir leid, aber ich bin heute echt müde.

16 Könnt ihr ohne mich arbeiten?

17 **Sascha:** Nichts da! Wir arbeiten alle!

💬 **1** Vergleicht die Gruppenarbeit mit den Regeln auf dem Plakat.
- Was ist gut gelungen?
- Gegen welche Regeln wurde verstoßen?
- Was könnten die Jugendlichen beim nächsten Mal besser machen?

> **Regeln für die Gruppenarbeit:**
> - Jeder erhält eine Aufgabe.
> - Alle arbeiten gemeinsam.
> - Jeder arbeitet mit jedem zusammen.
> - Keiner lenkt die Gruppe ab.
> - Keiner meckert über die Aufgabe.

Miteinander sprechen

Streit entsteht oft durch eine falsche Wortwahl.

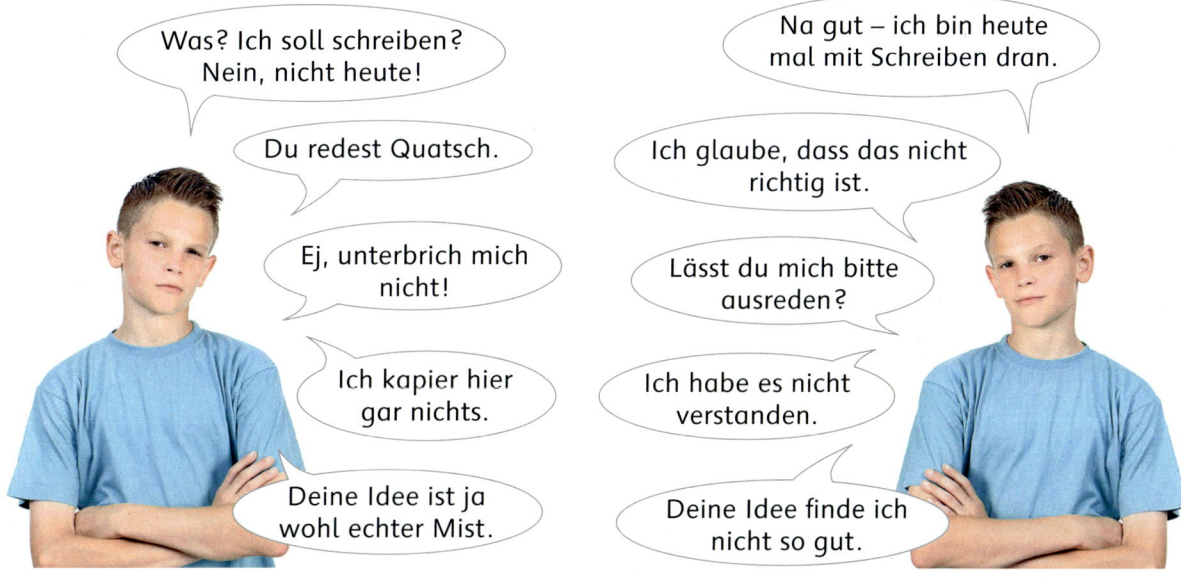

 2 a. Lest immer zwei nebeneinander stehende Sprechblasen vor.
b. • Welche Sätze klingen freundlich?
• Welche Sätze klingen unfreundlich?

Auch wenn die Ergebnisse der Gruppenarbeit vorgestellt werden, können unfreundliche Sätze fallen.

Nuschel doch nicht so.

Du erklärst das vielleicht blöd.

Das versteht ja keiner.

Das ist ja so was von langweilig.

3 Warum sind die Sätze unfreundlich?
a. Schreibt die Sätze an die Tafel.
b. Streicht die unfreundlichen Wörter.

4 Formuliert die Sätze so um, dass sie freundlich klingen.

➡ Ich möchte, dass du deutlicher sprichst.

Ich – du – wir!

Gemeinsam geht vieles einfach besser.
Das kannst du in diesem Gedicht lesen.

📖 **Wir**   Irmela Brender

1 Ich bin ich und du bist du.
2 Wenn ich rede, hörst du zu.
3 Wenn du sprichst, dann bin ich still,
4 weil ich dich verstehen will.

5 Wenn du fällst, helf ich dir auf,
6 und du fängst mich, wenn ich lauf.
7 Wenn du kickst, steh ich im Tor,
8 pfeif ich Angriff, schießt du vor.

9 Spielst du pong, dann spiel ich ping,
10 und du trommelst, wenn ich sing.
11 Allein kann keiner diese Sachen,
12 zusammen können wir viel machen.

13 Ich mit dir und du mit mir –
14 Das sind wir!

👄 **1** Lest das Gedicht mit verteilten Rollen vor.
Sprecht die Zeilen 13 und 14 zusammen.

✏ **2** Schreibe das Gedicht ab.

✏ **3** a. Markiere alle **ich** und die Verben farbig.
  b. Markiere alle **du** und die Verben in einer
  anderen Farbe.

➡ Ich bin ich und du bist du.

>>> ich bin, ich rede, ich will,
ich helf, ich lauf, ich steh,
ich pfeif, ich spiel,
ich sing
du bist, du hörst zu,
du sprichst, du fällst,
du fängst, du kickst,
du schießt, du spielst,
du trommelst

So lautet die 1. Strophe des Gedichts, wenn Anton, Ikbal, Fabian und Tom, Sandra, Olga etwas gemeinsam tun.

¹ Wir sind wir und ihr seid ihr.

² Wenn wir reden, hört ihr zu.

³ Wenn wir sprechen, dann seid ihr still,

⁴ weil wir euch verstehen wollen.

 4 a. Schreibe die Strophe ab.
b. Markiere alle **wir** und die Verben farbig.
c. Markiere alle **ihr** und die Verben in einer anderen Farbe.

Wir sind … ihr seid …

So lautet die 1. Strophe des Gedichts, wenn Yasmin und Anton etwas gemeinsam tun.

¹ Sie ist sie und er ist er.

² Wenn sie redet, hört er zu.

³ Wenn er spricht, dann ist sie still,

⁴ weil sie ihn verstehen will.

 5 a. Schreibe die Strophe ab.
b. Markiere alle **sie** und die Verben farbig.
c. Markiere alle **er** und die Verben in einer anderen Farbe.

Sie ist … er ist …

Die Wörter **ich, du, er / es / sie, wir, ihr, sie** sind
Personalpronomen. Sie stehen für bestimmte Personen
oder Gegenstände.

Yasmin und Anton hören ein Lied.
Sie hören ein Lied.

Training: Gespräche führen

Eine Diskussion untersuchen

Die Klasse plant eine Klassenfahrt.
Die Schülerinnen und Schüler diskutieren über das Ziel.

1 **Maja:** Eine Insel ist ja wohl spitze!

2 Es gibt Meer, Strand und Sonne!

3 **Edgar** *schreit*: Quatsch! Da kannst du doch nichts machen!

4 **Denise:** Auf einer Insel kannst du viel machen.

5 Zum Beispiel am Strand liegen und Rad fahren.

6 **Max:** Finde ich auch. Wir können zelten.

7 **Cem** *wütend*: Hast du sie noch alle?

8 Ich schlafe doch nicht in einem Zelt!

9 **Maja** *genervt*: Leute, ich habe echt keine Lust mehr.

10 **Edgar** *unterbricht*: Na gut. Ich leite jetzt mal die Gruppe.

11 Also, wer hat was zu sagen?

12 **Maja:** Ich nicht, mir hört sowieso keiner zu!

13 **Cem:** Eine Insel hast du an zwei Tagen erkundet.

14 Dann kennst du alles. Nein, ich will auf jeden Fall

15 ein Fußballturnier.

16 **Edgar** *genervt*: Du immer mit Fußball! Das nervt echt.

17 **Max:** Lasst uns mal die Vorteile einer Insel sammeln.

18 **Denise:** Da gibt es einen Strand.

19 **Edgar:** Welche Vorteile gibt es noch?

20 **Cem** *lustlos*: Und Wasser!

1 Lest den Text mit verteilten Rollen.
Beachtet dabei die schräg gedruckten Angaben.

2 Worüber diskutieren die Schülerinnen und Schüler?
Formuliert das Thema der Diskussion.

➡ Die Schülerinnen und Schüler diskutieren über …

Die Schülerinnen und Schüler haben unterschiedliche Meinungen.

💬 **3** Worüber sind sich die Schülerinnen und Schüler nicht einig?
Formuliert die beiden gegensätzlichen Meinungen.

> ➡️ Meinung 1: Wir möchten auf eine ...
> Meinung 2: ...

>>> Wir sind gegen ...
Wir sind dagegen, dass ...
Wir möchten, dass ...

💬 **4** Wer ist für eine Klassenfahrt auf eine Insel?
Wer ist dagegen? Begründet.

Die Schülerinnen und Schüler begründen ihre Meinungen.

💬✏️ **5** Welche Gründe nennen die Schülerinnen und Schüler?

a. Findet **Gründe für** die Fahrt auf eine Insel.
b. Findet **Gründe gegen** die Fahrt auf eine Insel.
c. Sammelt weitere Gründe für oder gegen eine Fahrt auf eine Insel.
d. Ordnet eure Ergebnisse in eine Tabelle ein.

→ Eine Tabelle zeichnen: Seite 278

Gründe für die Fahrt auf eine Insel	Gründe gegen die Fahrt auf eine Insel
Es gibt Meer, Strand und Sonne.	...

Z **Einige Schülerinnen und Schüler stören die Diskussion.**

👥✏️ **6** a. Schreibt die störenden Aussagen bei der Diskussion auf.
b. Schreibt auch das störende Verhalten auf.

Störende Aussagen	Störendes Verhalten
Zeile 3: Edgar: „Quatsch!" ...	Zeile 3: Edgar schreit. ...

👥✏️ **7** Wie können die Schülerinnen und Schüler besser miteinander diskutieren? Schreibt Vorschläge auf.

Miteinander diskutieren

Es gibt viele Gründe für und gegen eine Klassenfahrt auf eine Insel. Was meint ihr?

Eine Insel ist klein und deshalb langweilig.

Bei schlechtem Wetter nützt der schöne Strand gar nichts.

Eine Insel bietet viele Freizeitmöglichkeiten.

Sehenswürdigkeiten gibt es auch auf der Insel.

Am Strand kannst du Sportturniere veranstalten.

Die Anfahrt auf eine Insel ist immer teuer, weil du auch mit dem Schiff fahren musst.

 **1** a. Lest die Sprechblasen.
- Welche **Gründe** sind **für** die Fahrt auf eine Insel?
- Welche **Gründe** sind **dagegen**?

b. Ergänzt die Gründe in der Tabelle von Seite 27 aus Aufgabe 5.

In einer Diskussion könnt ihr jemandem zustimmen oder widersprechen.

2 Wie könnt ihr zustimmen? Wie könnt ihr widersprechen? Ordnet die Sätze.

Das finde ich nicht.   Ja, genau!
Das finde ich auch.   Nein, ganz und gar nicht!
Das denke ich nicht.   Das sehe ich auch so.
Ich stimme dir zu.   Ich bin da ganz anderer Meinung.

Mit der Methode Kugellager könnt ihr gemeinsam üben, eure Meinung zu äußern und zu begründen.

💬 **Methode: Kugellager**

Vorbereitung:
- Teilt eure Klasse in 2 Gruppen ein: Eine Gruppe ist für eine Klassenfahrt auf eine Insel (pro) und eine Gruppe ist dagegen (kontra).
- Besprecht noch einmal eure wichtigsten Gründe (Argumente).

So geht's:
- **Bildet** mit euren Stühlen **1 Innenkreis** für die **Kontra-Gruppe** und **1 Außenkreis** für die **Pro-Gruppe**. Setzt euch gegenüber.
- Die Schüler im **Außenkreis beginnen**. Sie **äußern ihre Meinung** und **begründen** sie.
- Ihre Partner im **Innenkreis widersprechen**. Sie äußern ihre Meinung und **begründen** sie.
- Dann ist die Pro-Gruppe wieder dran und so weiter.
- Nach einer Minute rücken die Schüler im Außenkreis einen Stuhl weiter.
- Eine neue Runde beginnt.

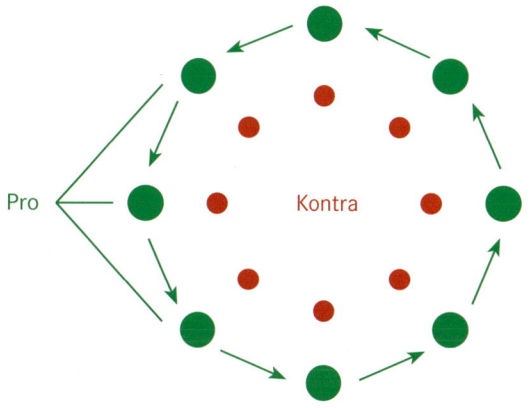

>>> Ich stimme dir zu, aber …
Das finde ich nicht, weil …
Das denke ich nicht! Denn …

Mit einer Checkliste könnt ihr eure Diskussion auswerten.

💬✏ **3** Wie ist die Diskussion verlaufen? Verwendet die Checkliste.

Checkliste: Miteinander diskutieren	ja	nein
Wir haben uns gegenseitig ausreden lassen.		
Wir haben uns gegenseitig nicht beleidigt.		
Wir haben uns gegenseitig genau zugehört.		
Wir haben nur zum Thema gesprochen.		
Wir haben den anderen nicht ausgelacht.		

Kuckuck, Kuckuck ...

2

ku ku!

cuckoo!

guguk!

Kuckuck!

cucú!

der Kuckucks-Ruf in verschiedenen Sprachen

eine Kuckucks-Flöte

4 1. Ku-ckuck, Ku-ckuck, ruft's aus dem Wald. Las-set uns sin - gen,

1 Was seht ihr auf den Bildern 1 – 7? Beschreibt.

2 a. Lest die Wörter vor.
b. Sprecht oder singt das Lied.

>>> der Kuckuck,
das Kuckucks-Nest,
ein Junges, die Abgase,
das Thermometer ...

5

6

7

Temperatur (in °C)

Auto-Abgase enthalten Kohlendioxid:
Kohlendioxid spielt eine Rolle beim Treibhaus-Effekt.

Vögel brüten im Frühling.
Der Frühling beginnt immer zeitiger.

3 Welche Bilder könnt ihr genauer erklären?

In diesem Kapitel informiert ihr euch und andere über den Kuckuck und seine Lebensbedingungen.

››› den Kuckucks-Ruf flöten,
im Nest hocken,
füttern,
vor hundert Jahren,
heute,
es wird wärmer …

Der Ruf und das Aussehen des Kuckucks

**In vielen Sprachen wird der Kuckuck so genannt,
wie sein Ruf klingt.**

der Kuckuck	guguk	the cuckoo	el cuco	kukavica
(deutsch)	(türkisch)	(englisch)	(spanisch)	(kroatisch)

1 a. Lass dir die Kuckucks-Namen vorlesen.
   b. • Was klingt ähnlich?
      • Was klingt unterschiedlich?

2 Wie klingt der Kuckucks-Ruf in den verschiedenen Sprachen?

   a. Schreibt die Namen von Aufgabe 1 untereinander auf.
   b. Ordnet die Kuckucks-Rufe den passenden Namen zu.

⟩⟩⟩ ku ku!
cuckoo!
guguk!
kuckuck!
cucú!

➡ der Kuckuck: kuckuck! (deutsch)

**Der Ruf des Kuckucks wird in der Musik oft nachgeahmt.
Hier steht die erste Strophe von dem Kuckucks-Lied.**

1. Ku-ckuck, Ku-ckuck, ruft's aus dem Wald. Las-set uns sin-gen,
tan-zen und sprin-gen! Früh-ling, Früh-ling wird es schon bald.

Z 3 Singt gemeinsam die Strophe.

4 Was kündigt der Kuckucks-Ruf an?
Nennt die passende Liedstelle.

Den Kuckuck kannst du nicht nur an seinem Ruf erkennen, sondern auch an seinem Aussehen.

das Kuckucks-Männchen

das Kuckucks-Weibchen

 5 a. Sieh dir die Fotos **1** und **2** an.
b. Beschreibe die Unterschiede zwischen Kuckucks-Männchen und Kuckucks-Weibchen.

>>> das Gefieder, die Brust
die Oberseite,
die Unterseite,
dunkle Streifen,
grau-blau gefärbt,
rostbraun gefärbt …

Auf dem Foto wird ein junger Kuckuck gefüttert.

Z 🖊 **6** Worüber staunst du, wenn du das Foto **3** siehst?
Tipp: Vergleiche das Foto **3** mit den Fotos **1** und **2**.

➡️ Ich wundere mich, dass …

🖊 **7** Was hast du bisher über den Kuckuck erfahren? Schreibe Sätze auf.

33

Einen Sachtext
mit dem Textknacker lesen

Unser heimischer Kuckuck ist ein ganz besonderer Vogel.
Der Sachtext auf Seite 35 informiert dich darüber.

Der Textknacker hilft dir, den Text zu verstehen.

1. Schritt: Vor dem Lesen
Bilder helfen mir, den Text besser zu verstehen.
Die **Überschrift** sagt mir etwas über den Text.

 1   a. Sieh dir die Bilder an.
  b. Lies die Überschrift.
  c. Worum könnte es in dem Text gehen?
    Schreibe deine Vermutung auf.

2. Schritt: Das erste Lesen
Ein Text hat **Absätze**.
Was in einem Absatz steht, gehört zusammen.
Die **Schlüsselwörter** im Text sind besonders wichtig.

 2   a. Zähle die Absätze.
  b. Lies die hervorgehobenen Schlüsselwörter.
  c. Lies die Worterklärungen.
  d. Überprüfe deine Vermutung von Aufgabe 1 c.
    Schreibe auf, worum es in dem Text geht.

3. Schritt: Den Text genau lesen
Erst **der ganze Text** sagt mir, worum es geht.

 3   Lies den ganzen Text – Absatz für Absatz.

📖 Im Sturzflug ins fremde Nest: der heimische Kuckuck

1 Unser heimischer Kuckuck lebt meist
2 an Waldrändern oder in Hecken.
3 Im Frühling und im Sommer hört man
4 den Kuckuck oft, man sieht ihn aber selten.

5 Der erwachsene Kuckuck ernährt sich vor allem
6 von Schmetterlings-Raupen und anderen Insekten[1].
7 Die frisch geschlüpften Jungen des Kuckucks dürfen
8 die giftigen Raupen nicht fressen. Sie sterben sonst.
9 Deshalb kann der Kuckuck seine Jungen nicht
10 allein aufziehen.

11 Der Kuckuck braucht für die Aufzucht Wirtsvögel.
12 Das sind andere Singvögel, zum Beispiel der Zaunkönig.
13 Dazu fliegt das Kuckucks-Männchen im Sturzflug
14 auf das fremde Nest zu. Die Wirtsvögel werden
15 aufgeschreckt und fliegen fort. Dann legt
16 das Kuckucks-Weibchen den Wirtsvögeln ein Ei ins Nest.

17 Das Kuckucksei sieht fast genauso aus wie
18 die Eier der Wirtsvögel. So werden die Wirtsvögel
19 getäuscht. Sie brüten das fremde Ei aus.
20 Sie füttern auch den jungen Kuckuck.

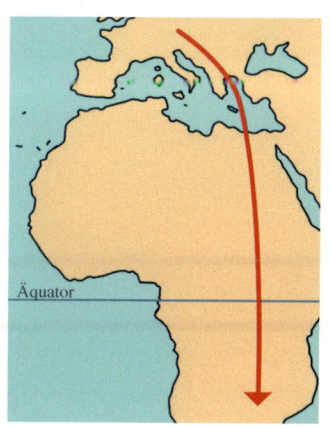

Äquator

21 Der Kuckuck ist ein Zugvogel. Sein Winterquartier
22 liegt im Süden Afrikas. Deshalb merkt er nicht,
23 dass der Frühling in Europa immer früher beginnt.
24 Wenn der Kuckuck zurückkommt, haben viele Vögel
25 schon mit dem Brüten begonnen. Daher findet
26 der Kuckuck immer schwerer Wirtsvögel.
27 Wenn er keine neuen Wirtsvögel findet,
28 gibt es auch keine jungen Kuckucke.
29 Deshalb ist der Kuckuck vom Aussterben bedroht.

[1] das Insekt: z. B. Käfer

**Die Überschrift des Sachtextes heißt
Im Sturzflug ins fremde Nest: der heimische Kuckuck.**

 4 Wer fliegt im Sturzflug ins fremde Nest? Warum?

  a. Finde die passende Textstelle.
  b. Schreibe die Antwort auf.

W **5** **a.** Finde für jeden Absatz eine passende Überschrift.
  • Wähle Überschriften aus.
  • Oder überlege dir selbst Überschriften.

Die Nahrung	Die Aufzucht der Jungen	Der Lebensraum
Die Hilfe der Wirtsvögel	Die Bedrohung vor dem Aussterben	

  b. • Schreibe zu jedem Absatz die Überschrift auf.
  • Schreibe zu Absatz 1–4 die Schlüsselwörter auf.

➡ Absatz 1: <u>Der Lebensraum</u>
      <u>an Waldrändern</u> …

In Absatz 5 sind keine Schlüsselwörter markiert.

 6 Warum ist der Kuckuck vom Aussterben bedroht?
Finde die Gründe.

  a. Lege eine Folie über Absatz 5.
  b. Markiere wichtige Wörter und Wortgruppen.
    Das sind die Schlüsselwörter.
  c. Schreibe die Schlüsselwörter auf.

 **4. Schritt: Nach dem Lesen**
Ich habe den Text gelesen.

 7 Warum ist der Kuckuck ein ganz besonderer Vogel?
Schreibe einen kurzen Text.
Verwende deine Ergebnisse von Aufgabe 5 und 6.

Andere informieren

Ihr habt viel Interessantes über den Kuckuck erfahren.
Mit einem Plakat könnt ihr andere darüber informieren.

 **1** Welche Informationen wollt ihr auf dem Plakat
zum Kuckuck präsentieren?

> 1. Wo lebt der Kuckuck?
> 2. Wie sieht der Kuckuck aus?
> 3. Wie ernährt sich der Kuckuck?
> 4. Wie vermehrt sich der Kuckuck?
> 5. Wo hält sich der Kuckuck im Winter auf?
> 6. Wodurch ist der Kuckuck gefährdet?

a. Wählt vier Fragen aus.
b. Schreibt die Fragen und die Antworten auf weiße Blätter.
c. Findet passende Bilder.

Nun könnt ihr das Plakat gestalten.

2 a. Besorgt einen großen Plakatkarton, einen Bleistift,
ein Lineal, einen Klebestift und dicke Stifte.
b. Legt die Materialien bereit.

→ Ein Plakat gestalten:
Seite 282

3 a. Entscheidet, welches Format euer Plakat haben soll.
b. Legt das Plakat in dem gewählten Format vor euch.

**〉〉〉 das Hochformat,
das Querformat**

4 Überlegt, wie das Plakat aussehen soll:

a. Legt dazu die Blätter mit den Informationen und
die Bilder auf das Plakat.
b. Entscheidet, ob eure Anordnung übersichtlich ist.
Klebt nun die Blätter und Bilder auf.
c. Findet eine passende Überschrift. Schreibt sie auf.

5 Hängt eure Plakate in der Klasse auf.

Einen Sachtext lesen und verstehen

**Weltweit gibt es etwa 130 verschiedene Kuckucks-Arten.
Dieser Sachtext informiert dich darüber.**

1 Lies den Text. Wende die Schritte vom Textknacker an. → Textknacker: Seite 274

 ## Verschiedene Kuckucks-Arten

1 Der Häher-Kuckuck lebt ähnlich wie unser heimischer
2 Kuckuck. Er fühlt sich in den Olivenhainen[1] rund um
3 das Mittelmeer besonders wohl. Die Eier vom Häher-
4 Kuckuck brüten Wirtsvögel aus. Der Häher-Kuckuck zieht
5 im Winter nur selten in den Süden von Afrika.

6 Der Gelbschnabel-Kuckuck in Nordamerika lebt anders.
7 Er brütet seine Jungen meist selbst aus. Er ist etwas
8 kleiner als unser heimischer Kuckuck und bewohnt
9 Waldränder und Obstplantagen.
10 Der Gelbschnabel-Kuckuck ist ein Zugvogel.

11 In der Wüste von Mexiko lebt der Renn-Kuckuck.
12 Er kann nur schlecht fliegen. Bei Gefahr rennt er
13 blitzschnell weg. Weil der Renn-Kuckuck am Boden lebt,
14 ernährt er sich von Vogeleiern, Eidechsen, Schlangen
15 und Früchten. Er zieht seine Jungen selbst auf.

[1] **der Olivenhain:** eine Gruppe von Olivenbäumen, ähnlich wie ein kleiner Wald

 2 Vergleiche die anderen Kuckucks-Arten
mit dem heimischen Kuckuck.

   a. Zeichne eine Tabelle.
   b. Trage die wichtigen Informationen ein.

→ Eine Tabelle zeichnen:
Seite 278

der Name	heimischer Kuckuck	...
der Ort	...	...
die Nahrung	...	...
die Besonderheiten	ist Zugvogel	...

Schlüsselwörter finden

**Schlüsselwörter sind besonders wichtige Wörter,
um den Inhalt eines Textes zu verstehen. Du kannst
in diesem Text üben, selbst Schlüsselwörter zu finden.**

3 Lies den Text. Wende die Schritte vom Textknacker an. → Textknacker: Seite 274

📖 Der heimische Kuckuck ist bedroht

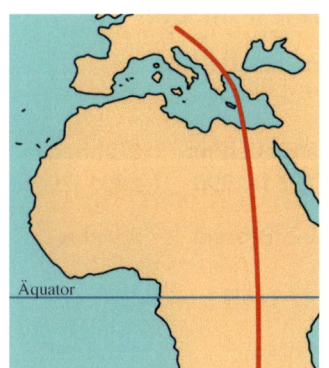

1 Immer mehr Wälder werden abgeholzt, um Bauland
2 zu gewinnen. Damit geht auch Lebensraum für viele
3 Singvögel verloren. Diese sind oft die Wirtsvögel
4 für den heimischen Kuckuck. Wenn es keine Wirtsvögel
5 gibt, kann sich der Kuckuck nicht vermehren.

6 Der Kuckuck ist auch aus einem anderen Grund
7 vom Aussterben bedroht. Durch die Erderwärmung
8 beginnt der Frühling bei uns immer früher.
9 Die Wirtsvögel haben oft schon mit dem Brüten begonnen,
10 wenn der Kuckuck aus dem Süden von Afrika zurück ist.
11 In Afrika merkt der heimische Kuckuck nichts
12 vom früheren Frühlingsbeginn bei uns. Er richtet sich
13 nämlich nicht nach den Temperaturen, sondern
14 nach der Länge der Tage und Nächte.
15 Deshalb kommt er immer zur gleichen Zeit zurück.
16 Dann ist es aber oft zu spät für die Ei-Ablage
17 in den Nestern der Wirtsvögel.

 4 Warum ist der Kuckuck bedroht? Finde den Grund.
Schreibe die Schlüsselwörter von Absatz 1 auf.

 5 Welchen weiteren Grund gibt es für die Bedrohung?

    a. Lege eine Folie über Absatz 2.
    b. Markiere wichtige Wörter und Wortgruppen.
       Das sind die Schlüsselwörter.
    c. Schreibe die Schlüsselwörter auf.

Z Einen Sachtext mit Grafiken lesen

**Der folgende Sachtext informiert dich über den Zusammenhang
zwischen dem verfrühten Frühlingsbeginn und Luftverschmutzung.**

1 Lies den Text. Wende die Schritte vom Textknacker an. → Textknacker: Seite 274

📖 Frühling bald schon im Januar?

1 Für die Meteorologen[1] beginnt der Frühling am 1. März.

2 Dass es Frühling wird, erkennt man an Phänomenen[2].

3 Diese kann man regelmäßig beobachten.

4 Man unterscheidet drei Phasen des Frühlings.

5 Ein Phänomen für den Vorfrühling ist der Blühbeginn

6 des Haselstrauchs. Dem Vorfrühling folgt

7 der Erstfrühling. Das wichtigste Phänomen

8 für den Erstfrühling ist die Blüte der Forsythie.

9 Richtig Frühling wird es aber erst, wenn die Apfelbäume

10 blühen. Und das ist das Phänomen für den Vollfrühling.

11 Der Frühling beginnt jedoch immer früher.

Phase	Pflanzen	Blühbeginn 1961–1990	Blühbeginn 1991–2009
der Vorfrühling	der Haselstrauch	22. Februar	9. Februar
der Erstfrühling	die Forsythie	31. März	20. März
der Vollfrühling	der Apfelbaum	4. Mai	24. April

der Frühlingsbeginn in Nordrhein-Westfalen

12 Der frühe Frühlingsbeginn hängt mit den steigenden

13 Durchschnitts-Temperaturen in den letzten 100 Jahren

14 zusammen. Und dafür sind auch die Menschen

15 verantwortlich. Sie produzieren nämlich immer mehr

16 Kohlendioxid.

[1] **die Meteorologen:** die Wetterforscher
[2] **das Phänomen – die Phänomene:** die Erscheinung

17 Das Kohlendioxid ist ein sogenanntes Treibhausgas.

18 Es verschmutzt die Luft. Durch das Kohlendioxid

19 steigt auch die Temperatur auf der Erde.

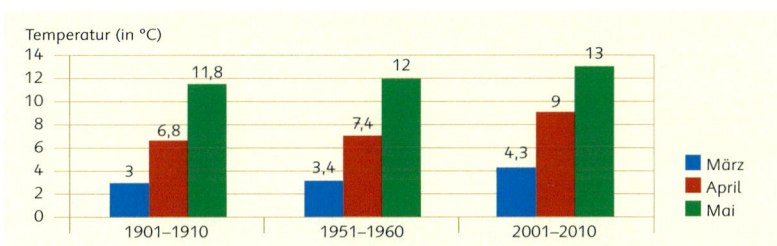

die Veränderung der Durchschnitts-Temperaturen
in den letzten 100 Jahren

20 Um das zu verhindern, kann jeder Einzelne Strom sparen.

21 Er muss die Heizung nicht unnötig aufdrehen,

22 wenn er sich im Winter warm anzieht. Kürzere Wege

23 kann er mit dem Fahrrad oder mit dem Bus zurücklegen.

24 Dadurch wird weniger Kohlendioxid produziert.

 2 Was zeigt die Tabelle auf Seite 40?

    a. Lies noch einmal Absatz 1.

    b. Schreibe Stichworte auf.

→ Stichworte aufschreiben:
Seite 277

 3 Was zeigt das Diagramm auf Seite 41?

    a. Lies noch einmal Absatz 2 und 3.

    b. • Welcher Satz erklärt das Diagramm genauer?
       • Welche zusätzlichen Informationen erhältst du
        durch das Diagramm?

→ Zeile 12–19
→ Zeile 12–13

 4 Was hat der verfrühte Frühlingsbeginn
mit Luftverschmutzung zu tun?
• Wie hat sich der Frühlingsbeginn verändert?
• Wie hängen der Frühlingsbeginn und
  die Temperaturen zusammen?
• Wie können die Menschen verhindern,
  dass sich die Erde erwärmt?

Das Wörtchen dass

Pias Freundin liegt im Krankenhaus.
Pia schreibt ihr einen Brief.

1 **Liebe Andrea,**

2 **ich sende dir liebe Grüße.**

3 **Ich hoffe, dass es dir wieder besser geht.**

4 **Ich denke, dass ich dich bald besuchen werde.**

5 **Dann kann ich dir erzählen, was wir gelernt haben.**

6 **Ich weiß jetzt, dass der Kuckuck seine Jungen**

7 **nicht selber aufzieht.**

8 **Ich glaube fest, dass du bald wieder gesund wirst.**

9 **Auch meine Eltern wünschen dir alles Gute.**

Deine Pia

1 **a.** Schreibe die Zeilen 3 – 4, 6 – 8 ab.
  b. Markiere das Verb im dass-Satz.

> ➡ Ich hoffe, dass es dir wieder besser geht.

2 **a.** Schreibe die Satzanfänge bis zum **dass** noch einmal.
  b. Schreibe die Satzanfänge mit eigenen Ideen zu Ende.
  c. Markiere das Verb im dass-Satz.

3 Auch diese Satzanfänge kommen häufig vor:

> ➡ Wir wünschen dir, dass …
> Sie freuen sich, dass …
> Wir wissen, dass …
> Ich meine, dass …

  a. Schreibe die Satzanfänge ab.
  b. Schreibe die Sätze zu Ende.
  c. Markiere das Verb im dass-Satz.

**Torsten unterhält sich mit seiner Familie
über den heimischen Kuckuck.**

 4 Lest das Gespräch mit verteilten Rollen.

1	Torsten:	„Wisst ihr, warum der Kuckuck
2		ein besonderer Vogel ist?"
3	Vater:	„Ich glaube, er fliegt im Winter in den Süden
4		von Afrika."
5	Mutter:	„Ich habe gelesen, sein Name klingt
6		in vielen Sprachen genau wie sein Ruf."
7	Schwester:	„Ich weiß, er legt seine Eier
8		anderen Wirtsvögeln ins Nest."
9	Bruder:	„Ich finde, die Kuckuckseltern sind
10		ganz schön schlau."
11	Schwester:	„Nein. Ich finde, sie verhalten sich
12		ziemlich gemein."

 5 Was sagen Torsten und seine Familie über den Kuckuck?

    a. Bilde Sätze mit **dass**.
    b. Markiere das Verb im dass-Satz.

> Der Vater glaubt, dass der Kuckuck im Winter in den Süden von Afrika fliegt.
> Die Mutter meint, dass der Name vom Kuckuck in vielen Sprachen genau wie sein Ruf klingt.
> Die Schwester sagt, ...

> Nach den Verben **sagen**, **denken**, **behaupten** und **meinen** folgen oft **dass**-Sätze. Das Verb steht am Ende vom **dass**-Satz.
>
> Der Vater glaubt, dass der Kuckuck im Winter in den Süden fliegt.

Training:
Den Textknacker anwenden

**Der folgende Sachtext informiert dich darüber,
weshalb Kaiser-Pinguine in der Kälte nicht erfrieren.**

1. Schritt: Vor dem Lesen

1 **a.** Sieh dir die Bilder an.
  b. Lies die Überschrift.
  c. Worum könnte es in dem Sachtext gehen?
    Schreibe deine Vermutung auf.

2. Schritt: Das erste Lesen

2 **a.** Zähle die Absätze.
  b. Lies die hervorgehobenen Schlüsselwörter.
  c. Lies die Worterklärungen.
  d. Überprüfe deine Vermutung von Aufgabe 1c.
    Schreibe auf, worum es in dem Text geht.

3. Schritt: Den Text genau lesen

3 Lies den ganzen Text – Absatz für Absatz.

Kaiser-Pinguine – Spezialisten für das Leben in der Kälte

1 In der Antarktis ist es sehr, sehr kalt. Und doch
2 leben dort Tiere, zum Beispiel die Kaiser-Pinguine.
3 Ihr Körper ist an den Lebensraum angepasst.
4 Sie können im Sommer bei bis zu minus 25 Grad
5 und im Winter bei bis zu minus 89 Grad leben.

6 Das dichte Federkleid der Kaiser-Pinguine
7 bedeckt den ganzen Körper. Es schützt
8 vor Kälte. Unter den Federn haben Kaiser-Pinguine
9 noch Daunen[1]. Sie wirken wie ein flauschiger Pullover.
10 Unter der Haut hat der Kaiser-Pinguin noch
11 eine Fettschicht. Sie ist wie ein zweiter wärmender
12 Mantel und schützt zusätzlich.
13 Wenn ein Kaiser-Pinguin trotzdem friert,
14 bewegt er sich. Dadurch wird ihm warm.

15 Kaiser-Pinguine brüten ihre Eier auf eine besondere
16 Art aus: Das Männchen legt sich das Ei auf die Füße
17 und bedeckt es mit seiner Bauchfalte. So hält
18 das Männchen das Ei warm. Außerdem versammeln
19 sich die brütenden Männchen in einer Gruppe und
20 wechseln ständig ihre Plätze. Im Inneren der Gruppe
21 wird es so bis zu 30 Grad warm.

[1] **die Daunen:** weiche, flauschige Federn unter dem sichtbaren Federkleid

4. Schritt: Nach dem Lesen

 4 Warum erfrieren die Kaiser-Pinguine nicht in der Kälte?
Schreibe einen kurzen Text.

 5 Der Textknacker hilft dir, Texte zu verstehen.
Werte aus, was du schon kannst.

a. Zeichne eine Tabelle.
b. Kreuze an.

→ Eine Tabelle zeichnen:
Seite 278

Das kann ich:	☺	😐	☹
die Überschrift lesen			
die Absätze erkennen			
die Schlüsselwörter lesen			
den ganzen Text lesen			

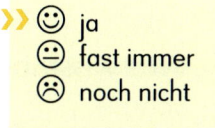

☺ ja
😐 fast immer
☹ noch nicht

Komm mit, mach mit!

💬 **1** Was könnt ihr auf den Fotos 1 – 6 sehen? Beschreibt.

💬 **2** Was wisst ihr über die Hobbys der Schülerinnen und Schüler?

>>> auf dem Sportplatz/ Fußballplatz, auf der Jugendfarm, zu Hause, in dem Sportverein/ Turnverein …

Skaten ist toll!

Am liebsten möchte ich wie ein Superstar tanzen!

Ich spiele gern am Computer Schach.

 **3** Welche Hobbys kennt ihr noch? Sammelt sie an der Tafel.

Z **4** Kennt ihr Menschen, die ihr Hobby zum Beruf gemacht haben? Erzählt.

In diesem Kapitel informiert ihr euch darüber, welche Hobbys es gibt. Außerdem stellt ihr Selinas Hobby in der Klasse vor.

Was wir gern tun

Es gibt viele Hobbys.
Lena und Alexej haben unterschiedliche Hobbys.

1 **Lena:** „Ich gehe zweimal in der Woche
2 zum Geräteturnen in einen Verein.
3 Wir turnen an unterschiedlichen Geräten.
4 Dort treffe ich auch meine Freundinnen. Das ist super.
5 Der Mitgliedsbeitrag beträgt 10 Euro pro Monat.
6 Meine Eltern bezahlen den Beitrag."

7 **Alexej:** „Ich spiele zu Hause gern Schach.
8 Schach hat mir mein Opa beigebracht.
9 Viele meiner Freunde können kein Schach. Deshalb
10 spiele ich meistens gegen den Computer. Das ist schade.
11 Ich möchte gern in einen Schachverein gehen.
12 Dann kann ich mit anderen spielen."

1 Was erfahrt ihr über die Hobbys von Lena und Alexej?
Beantwortet die folgenden Fragen.

• Welches Hobby hat Lena?
• Wie oft geht Lena zum Geräteturnen?
• Wo turnt Lena?
• Welche Kosten entstehen?
• Was gefällt Lena besonders?

• Welches Hobby hat Alexej?
• Wo spielt Alexej Schach?
• Wer hat Alexej Schach beigebracht?
• Mit wem spielt Alexej Schach?
• Was gefällt Alexej nicht so gut?

W ✏ **2** Welche Hobbys haben Lena und Alexej?
• Wähle eine Person aus: Lena oder Alexej.
• Schreibe Stichworte zum Hobby auf.

➜ Stichworte aufschreiben:
Seite 277

3 Informiert euch gegenseitig
über die Hobbys von Lena und Alexej.
Tipp: Ihr könnt eure Stichworte verwenden.

Lena und Alexej haben von ihren Hobbys erzählt.

 4 Welches Hobby hast du?
Oder welches Hobby möchtest du gern haben?
Schreibe dir Stichworte zu den folgenden Fragen auf.

→ Stichworte aufschreiben:
Seite 277

- **Wie heißt** das Hobby?
- **Wann** und **wo** kannst du dein Hobby machen?
- Kannst du es mit jemandem zusammen machen?
  Wenn ja, **mit wem**?
- Benötigst du **besondere Gegenstände**?
- **Was kostet** das Hobby (Mitglieds-Beitrag, Gegenstände, …)?
- **Was gefällt** dir besonders **gut**? Was gefällt dir **nicht so gut**?

 5 **a.** Erzähle einer Partnerin / einem Partner von deinem Hobby.
Verwende deine Ergebnisse von Aufgabe 4.

➡ Mein Hobby heißt …
Ich …
Für mein Hobby brauche ich …
Mein Hobby kostet im Monat …
Mir gefällt besonders, dass …

b. Deine Partnerin / Dein Partner kann weitere Fragen stellen.

Wie bist du auf dieses Hobby
aufmerksam geworden?

Was ist
besonders interessant
an diesem Hobby?

Was war das Beste,
was du bisher erlebt hast?

 6 Was habt ihr erfahren?
Stellt eure Hobbys gegenseitig in der Klasse vor.

➡ Das Hobby von Timo heißt …
Melis möchte gern …

Was kann man noch in der Freizeit tun?

In dem folgenden Text erfahrt ihr, welche Hobbys
die Schülerinnen und Schüler der Klasse 6b haben.

1. Schritt: Vor dem Lesen

1 a. Sieh dir die Bilder an.
   b. Lies die Überschrift.

2. Schritt: Das erste Lesen

2 a. Zähle die Absätze.
   b. Lies die hervorgehobenen Schlüsselwörter.

3. Schritt: Den Text genau lesen

3 Lies den Text – Absatz für Absatz.

 ## Verschiedene Hobbys

1 Selina ist 11 Jahre alt. Sie geht jeden Mittwoch
2 zur Jugendfarm. Selina ist von der Jugendfarm total
3 begeistert. Dort darf sie den Ponystall und
4 den Ziegenstall ausmisten. Sie füttert
5 die Meerschweinchen und die Kaninchen.
6 Danach geht sie mit einem der Hunde spazieren.
7 Außer der Zeit kostet der Besuch in der Jugendfarm
8 nichts. Selina hat zu Hause keinen Platz für Tiere.
9 Ihre Eltern erlauben auch keine Tiere.

10 Berkay ist 12 Jahre alt. Er geht zweimal in der Woche
11 zum Fußballtraining. Berkay spielt in einem Verein.
12 Am Samstag hat er oft ein Spiel. Dann trifft Berkay
13 alle seine Freunde. Er möchte später Fußballstar
14 werden und für die Nationalmannschaft spielen.

15 **Alexej** ist 12 Jahre alt. Er **spielt Schach.**

16 Dieses Spiel hat ihm sein **Opa beigebracht.**

17 Leider kann keiner seiner Freunde Schach spielen.

18 Alexej kennt keinen Schachverein,

19 in dem er gegen andere spielen könnte.

20 Deshalb **spielt** er **oft gegen den Computer.**

21 **Lara** ist 11 Jahre alt. Sie **tanzt gerne zu Musik**

22 vor dem Spiegel.

23 Am liebsten will sie **wie ein Superstar tanzen.**

24 Lara hat sich deshalb schon **oft mit anderen Mädchen**

25 **getroffen,** um gemeinsam zu tanzen.

26 Auch Samuel war schon dabei, denn er ist

27 gut im Breakdance. Lara möchte gemeinsam mit

28 den anderen Mädchen **eine Tanzgruppe gründen.**

4. Schritt: Nach dem Lesen

 4 Was hast du über die verschiedenen Hobbys erfahren?
Beantworte die folgenden Fragen in Sätzen.
Schreibe in dein Heft.
- Welche Hobbys haben Selina, Berkay, Alexej und Lara?
- Warum haben sie das Hobby?
- Was gefällt den Jugendlichen besonders gut
  an ihren Hobbys?

 5 Welches der Hobbys gefällt dir besonders gut?
Begründe.

Mir gefällt	das Hobby von	Alexej Berkay Lara Selina	, weil	es interessant ist. ich auch gern … …
			, denn	es ist interessant. ich … auch gern … …

Ein Hobby vorstellen

**In einem Kurzvortrag kannst du anderen
das Hobby von Selina vorstellen.**

 1 Welches Hobby hat Selina?

    a. Lies noch einmal Absatz 1 auf Seite 52.
    b. Schreibe Selinas Hobby auf eine Karteikarte.

 2 Was erzählt Selina über ihr Hobby?
Schreibe Stichworte auf Karteikarten.

》》》 Wo?
    Wie?
    Was braucht …?
    Was ist besonders
    interessant …?
    Wieso gefällt …?

**Im Internet findest du weitere Informationen
über die Jugendfarm, zu der Selina geht.**

Herzlich willkommen bei der Jugendfarm Bonn

1 Die Jugendfarm ist eine offene Freizeit-Einrichtung für Kinder
2 und Jugendliche im Alter von 6 bis 14 Jahren.
3 Bei uns können Kinder Tiere pflegen, füttern, misten, streicheln,
4 reiten, Buden bauen, basteln, malen, werken, Kiosk-Verkäufer
5 sein, Fußball spielen, Abenteuer erleben und vieles mehr.

Die Öffnungszeiten der Farm
Dienstag bis Freitag:
14:30 Uhr – 19:00 Uhr
Samstag: 12:00 Uhr – 18:00 Uhr

Der Eintritt ist frei.

 3 Welche Informationen über die Jugendfarm findest du
auf der Internetseite?
Beantworte die folgenden Fragen in Stichworten.
Schreibe auf Karteikarten.
• Wer darf zur Jugendfarm kommen?
• Wann ist die Jugendfarm am Samstag geöffnet?
• Was kostet der Eintritt?

→ Stichworte aufschreiben:
Seite 277

4 a. Nummeriere die Karteikarten
in der richtigen Reihenfolge.
b. Markiere die wichtigen Wörter farbig.

> 1
> das Hobby von Selina:
> . . .

5 a. Überlege, wie du den Kurzvortrag aufbauen willst.
• Was sagst du am Anfang?
• Was sagst du zum Schluss?
b. Schreibe Stichworte auf Karteikarten.

> Am Anfang:
> Kurzvortrag über . . .

Z Ein schönes Bild oder Foto unterstützt deinen Vortrag.

6 Welche Bilder oder Fotos passen zu dem Thema?
Wähle passende Bilder oder Fotos aus.

7 a. Ordne die Bilder oder Fotos
den passenden Karteikarten zu.
b. Nummeriere die Bilder oder Fotos.

Du kannst deinen Kurzvortrag mit einem Partner üben.

8 a. Nehmt eure Karteikarten.
b. Lest eure Stichworte.
c. Bildet aus den Stichworten vollständige Sätze.

> 1
> das Hobby von Selina:
> – zur Jugendfarm
> gehen

9 Übt euren Kurzvortrag.
Beachtet dabei die Arbeitstechnik **Frei vortragen**.

> Selinas Hobby
> ist es, zur Jugendfarm
> zu gehen.

⚙ **Arbeitstechnik**

Frei vortragen

• **Ich stelle mich** so hin, dass **alle mich sehen** können.
• Ich versuche, **frei** zu **sprechen** und wenig abzulesen.
• Ich spreche **langsam** und **deutlich**.
• Ich spreche **in Sätzen**.
• **Ich sehe** beim Sprechen **die Zuhörer an**.
• **Ich zeige** an passenden Stellen **Bilder** und **Materialien**.

Einen Kurzvortrag halten und bewerten

Ihr habt euren Kurzvortrag vorbereitet und geübt.

1 Halte deinen Kurzvortrag in der Klasse.

Die anderen hören genau zu. Dabei hilft eine Checkliste.

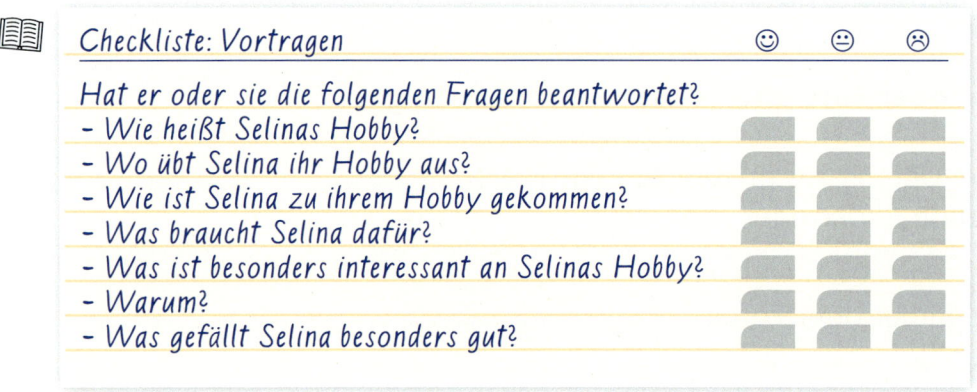

Checkliste: Vortragen   ☺   ☺   ☹

Hat er oder sie die folgenden Fragen beantwortet?
- Wie heißt Selinas Hobby?
- Wo übt Selina ihr Hobby aus?
- Wie ist Selina zu ihrem Hobby gekommen?
- Was braucht Selina dafür?
- Was ist besonders interessant an Selinas Hobby?
- Warum?
- Was gefällt Selina besonders gut?

2 Wertet den Kurzvortrag gemeinsam aus.
- Verwendet eure Checklisten.
- Besprecht, was euch gut gefallen hat.
- Gebt Tipps, was man noch verbessern könnte.

Du hast einen Kurzvortrag gehalten.
Du kannst über deine eigene Arbeit nachdenken.

W 3 Worüber möchtest du nachdenken?
Wähle 3 Punkte aus:
- Das ist mir gut gelungen.
- Das war leicht für mich.
- Das ist mir schwergefallen.
- Das möchte ich verbessern.

4 a. Schreibe deine 3 gewählten Punkte auf ein Blatt.
    b. Schreibe zu den gewählten Punkten etwas auf.
      • Was fällt dir zu deiner Vorbereitung für den Kurzvortrag ein?
      • Was haben die anderen zu deinem Kurzvortrag gesagt?
    c. Sprich mit deiner Lehrerin / deinem Lehrer darüber.

Einen Vortrag mit Bildern unterstützen

Sam spielt in seiner Freizeit am liebsten Tischtennis.
Er informiert die Klasse in einem Kurzvortrag über sein Hobby.
Seinen Kurzvortrag möchte er mit Fotos unterstützen.

1 Welche Fotos sollte Sam für seinen Kurzvortrag auswählen?
Welche würdest du auswählen?
Schreibe auf. Begründe.

> Sam sollte Foto … verwenden, weil …

2 Wo könnte Sam weitere Fotos für den Vortrag finden?

>>> Sportkatalog,
Zeitschrift,
eigene Fotos, …

3 Wie müssen Fotos für einen Kurzvortrag sein,
damit sie die Zuhörer gut sehen können?

a. Zeichnet eine Tabelle in euer Heft.
b. Schreibt eine Checkliste.

>>> große Bilder,
klare Darstellung,
deutliche Schrift, …

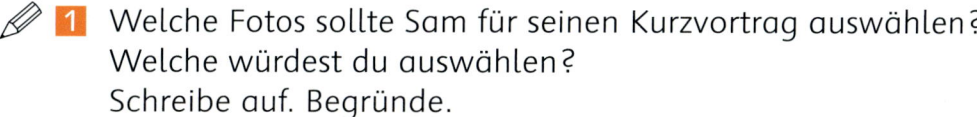

Checkliste: Bilder und Fotos für einen Kurzvortrag	✔
– große Bilder	

Eine Spielanleitung verstehen und schreiben

**Miriam und Jana haben auch ein Hobby.
Sie spielen gern Schreibspiele.**

 1 **a.** Seht euch die Bilder an.
   b. Lest die Spielanleitung.

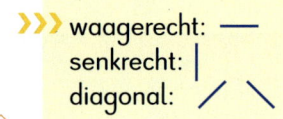 waagerecht: ——
senkrecht: |
diagonal: ╱ ╲

Name des Spiels: ▬▬▬▬

Ziel: Jeder Spieler hat das Ziel, als Erster drei X oder drei O in einer Reihe zu haben. Die drei X oder die drei O können waagerecht, senkrecht oder diagonal stehen.

Mitspieler: Es können zwei Personen mitspielen.

Material: Für das Spiel benötigt man ein Blatt Papier und zwei Stifte.

Vorbereitung: Auf das Blatt zeichnet ein Spieler zwei waagerechte und zwei senkrechte Linien.

Durchführung:
– Der erste Spieler zeichnet ein X in ein Feld.
– Der zweite Spieler zeichnet ein O in ein Feld.
– Abwechselnd zeichnen dann beide Spieler ihre Zeichen in die Felder.
– Gewonnen hat, wer drei Zeichen in einer Linie anordnen konnte.

Ihr versteht Spielanleitungen besser, wenn ihr sie ausprobiert.

⚇ **2** Spielt das Spiel zu zweit.

⚇ **3** Findet einen Namen für das Spiel.

Z **Ihr könnt auch eine eigene Spielanleitung schreiben.**

✎ **4** **a.** Schreibe die Spielanleitung auf.

Jeder Spieler Jeder Mitspieler	hat verfolgt	das Ziel,	zuerst	drei X oder drei O in einer Reihe	zu haben. zu setzen.

Zwei Spieler Zwei Mitspieler	können	mitspielen. mitmachen.

Die Spieler	brauchen benötigen	ein Blatt Papier	und sowie	zwei Stifte.

Zuerst	zeichnet malt	ein Spieler	zwei waagerechte und zwei senkrechte	Linien. Striche.

Danach	zeichnet schreibt	der erste Spieler der erste Mitspieler	ein X	in ein	Feld. Kästchen.

Dann	zeichnet schreibt	der zweite Spieler der zweite Mitspieler	ein O	in ein	Feld. Kästchen.

Nun	zeichnen schreiben	beide Spieler die Spieler	abwechselnd nacheinander	das X und O ihre Zeichen	in die	Felder. Kästchen.

Wer drei Zeichen	in einer	Reihe Linie	gezeichnet hat, angeordnet hat,	hat gewonnen. ist Gewinner.

b. Überlege dir eine passende Überschrift. Schreibe sie auf.

Was kommt wohin?

Das Jugendzentrum richtet einen Mädchentreff ein.
Lorena übernimmt die Einrichtung.

📖 Im Mädchentreff   Ípek Aslan

1 Lorena denkt: So viele Sachen!
2 Was soll ich denn damit nur machen?
3 Wohin stelle, lege, hänge ich das bloß?
4 Dann fängt sie an, es geht schon los:

5 Sie stellt die Vase auf den Tisch.
6 Sie stellt den Stuhl neben den Tisch.
7 Sie legt den Teppich unter das Sofa.
8 Sie hängt das Bild über das Sofa.
9 Sie stellt die Lampe in die Ecke.
10 Sie stellt den Sessel in die Ecke.

11 Wohin damit? ist keine Frage mehr,
12 der Treff ist fertig – bitte sehr!

👄 **1** Lies das Gedicht laut vor.

✏️ **2** Schreibe das Gedicht in dein Heft ab.

✏️ **3** **Wohin** stellt, legt oder hängt Lorena die Sachen?
Markiere die Wortgruppen im Heft farbig.

➡️ ...
Sie stellt die Vase auf den Tisch.
...

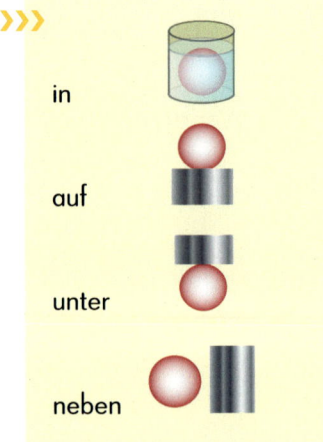

in

auf

unter

neben

Viktor richtet einen Raum im Jugendklub ein.

 4 **Wohin** stellt, legt oder hängt Viktor die Sachen?

    a. Bilde Sätze.

    b. Markiere, **wohin** Viktor die Sachen stellt, legt, hängt.

Viktor Er	stellt legt hängt	den	Spiegel Blumentopf Lautsprecher	auf in neben über unter	den	Fußboden. Schrank.
		das	Spiel Poster Glas		das	Fenster. Regal.
		die	Gardine Kerze Lampe		die	Fensterbank. Tür.

Z **5** Schreibe ein eigenes Gedicht.
- Verwende deine Sätze aus Aufgabe 4.
- Finde auch eine passende Überschrift.

> ➡ Viktor denkt: So viele Sachen!
> …

Z 👄 **6** Lest eure eigenen Gedichte in der Klasse vor.

> ❗ Die Wörter **in**, **auf**, **unter**, **vor**, **hinter**, **neben** nennen
> wir **Präpositionen**. Sie sagen, **wo** etwas ist oder
> **wohin** etwas kommt.
> der Schreibtisch ➔ **Wohin?** – auf den Schreibtisch
> das Bett   ➔ **Wohin?** – unter das Bett
> die Mülltonne ➔ **Wohin?** – in die Mülltonne

Training:
Ich stelle das Cheerleading vor

**In einem Kurzvortrag kannst du andere
über das Cheerleading informieren.**

1 Lies den Text. Wende die Schritte vom Textknacker an. → Textknacker: Seite 274

1. Schritt: Vor dem Lesen
2. Schritt: Das erste Lesen
3. Schritt: Den Text genau lesen

 Cheerleading ist eine interessante Sportart

1 Cheerleading ist eine Sportart und kommt
2 ursprünglich aus Amerika. Cheerleader unterstützen
3 mit ihren Sprechchören die Mannschaften im Football,
4 Baseball und Basketball.

5 Diese amerikanischen Sportarten wurden
6 ab dem Jahr 1970 in Deutschland bekannt.
7 Gleichzeitig wurde auch das Cheerleading
8 in Deutschland bekannt. Heute gibt es in jeder
9 größeren Stadt verschiedene Cheerleading-Teams.

10 In Amerika gibt es das Cheerleading schon lange.
11 Bereits im Jahr 1880 unterstützten Fans ihre Mannschaft
12 mit Anfeuerungs-Rufen. Damals übten nur Männer
13 das Cheerleading aus. Seit 1920 werden auch Frauen
14 aufgenommen und seit 1930 gibt es die berühmten
15 bunten Pompons[1]. Weil immer mehr Menschen
16 Cheerleading lernen wollten, wurde es ab 1950
17 ein eigenes Unterrichtsfach.

[1] **die Pompons:** Das sind meist Knäuel aus Kunststoff, Folie oder Papier.

18 **Cheerleading besteht aus Tanz, Turnen und**
19 **Akrobatik. Cheerleader brauchen deshalb beim Tanzen**
20 **ein gutes Gefühl für den Rhythmus.**
21 **Sie brauchen auch Kraft und Kondition für das Turnen.**
22 **Und schließlich brauchen sie Mut für die Akrobatik.**

23 **Cheerleading ist heute ein Mädchensport.**
24 **Aber auch Jungen haben Spaß an dieser Sportart.**
25 **Es gibt regelmäßige Wettkämpfe**
26 **zwischen den einzelnen Mannschaften.**
27 **Die besten Mannschaften nehmen an der deutschen**
28 **Meisterschaft im Cheerleading teil.**

4. Schritt: Nach dem Lesen

2 Beantworte die folgenden Fragen in Stichworten. → Stichworte aufschreiben:
Schreibe auf Karteikarten. Seite 277
  • Woher kommt das Cheerleading?
  • Was ist das Cheerleading?
  • Wann kam das Cheerleading nach Deutschland?
  • Wie entwickelte sich das Cheerleading in Amerika?
  • Was brauchen Cheerleader?
  • Wer macht Cheerleading?

3 a. Nummeriere die Karteikarten in der richtigen Reihenfolge.
    b. Markiere die wichtigen Wörter farbig.

4 a. Überlege, wie du den Kurzvortrag aufbauen willst.
      • Was sagst du am Anfang? *Am Anfang:*
      • Was sagst du zum Schluss? *Kurzvortrag über ...*
    b. Schreibe Stichworte auf Karteikarten.

 5 Übe den Kurzvortrag.
Beachte dabei die Arbeitstechnik **Frei vortragen**. → Frei vortragen: Seite 281

 6 Halte deinen Kurzvortrag in der Klasse.
Die Zuhörer schreiben Stichworte auf.

Ein Plakat gestalten

**Auch mit einem Plakat kann man andere
über ein Thema informieren.**

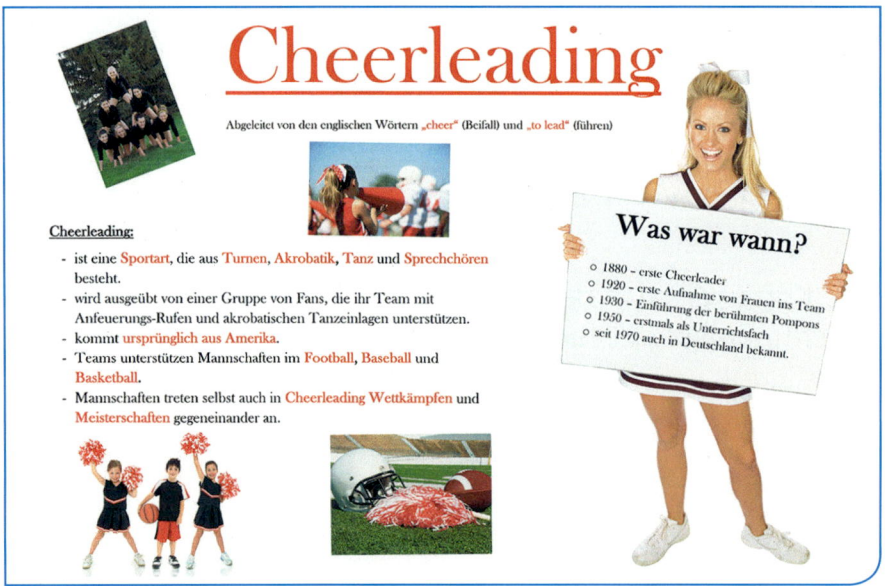

👥👁 **1** Vergleicht die Plakate.

    a. Worüber informieren sie?

    b. Was gefällt euch an der Gestaltung gut?
       Was würdet ihr anders machen?

Ihr könnt ein Plakat zum Thema Cheerleading gestalten.

👥 **2** Überlegt, welche Informationen ihr
auf dem Plakat präsentieren wollt.

    a. Lest noch mal eure Karteikarten von Aufgabe 2
auf Seite 63.
    b. Wählt Informationen aus.
    c. Schreibt die Informationen auf weiße Blätter.
Schreibt groß genug und lesbar.
    d. Findet passende Bilder.

Nun könnt ihr das Plakat gestalten.

→ Ein Plakat gestalten:
Seite 282

👥 **3** **a.** Besorgt einen großen Plakatkarton, einen Bleistift,
ein Lineal, einen Klebestift und dicke Stifte.
    b. Legt die Materialien bereit.

👥 **4** **a.** Entscheidet, welches Format euer Plakat haben soll.

Querformat	Hochformat

    b. Legt das Plakat in dem gewählten Format vor euch.

👥 **5** Überlegt, wie das Plakat aussehen soll:

    a. Legt dazu die Blätter mit den Informationen und
die Bilder auf das Plakat.
    b. Entscheidet, ob eure Anordnung übersichtlich ist.
Klebt nun die Blätter und Bilder auf.
    c. Findet eine passende Überschrift. Schreibt sie auf.

👥 **6** Hängt eure Plakate in der Klasse auf.

Auf den Spuren

Auf dem Bild seht ihr einen Markttag in einer Stadt vor ca. 300 Jahren.

der Stadtschreiber

der Barbier

💬 **1** Seht euch das Bild an.
- Welche Personen könnt ihr entdecken?
- Was tun die Menschen auf dem Markt?

💬 **2** Was kennt ihr? Was kennt ihr nicht?

>>> er/sie beobachtet,
er/sie kauft, er/sie trägt,
er/sie läuft, sie trägt,
er schiebt, er beobachtet,
er schreibt, er rasiert …

sie sprechen, sie gehen,
sie warten …

des Barbiers

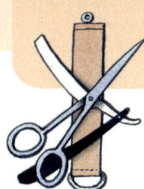

der Händler · der Käufer · die Gewürze · die Stände · die Wachskerzen · das Leder

Auf dem Markt ist auch der Stand des Barbiers[1].

> [1] der Barbier:
> ein früherer Handwerksberuf

3 Seht euch den Stand des Barbiers an.
- Wer arbeitet dort?
- Was wollen die Menschen wohl von ihm?

**In diesem Kapitel berichtet ihr
über einen Tag im Leben des Barbiers Johannes.**

Den Beruf Barbier kennen lernen

Ein Barbier hatte viel zu tun.

 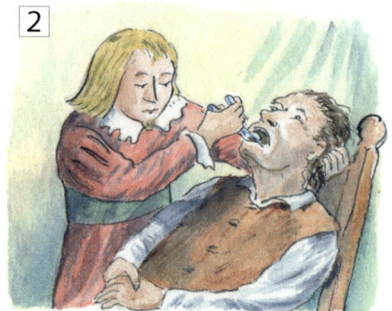 

1 Was tat ein Barbier alles?
Schreibt zu jedem Bild einen Satz auf.

 Der Barbier seifte ... ein.

>>> er seifte ein, er rasierte,
er stellte her,
er untersuchte,
er verband,
er zog, er nahm Blut ab

Den Beruf Barbier gibt es heute nicht mehr. Die Tätigkeit jemanden einseifen gibt es heute noch als Redewendung.

2 Warum seifte der Barbier früher jemanden ein?
Lest die Information.

 Der Barbier seifte die Barthaare mit Seife ein,
um sie vor der Rasur weicher zu machen.

3 Was könnte die Redewendung **jemanden einseifen**
heute bedeuten?
Seht euch das Bild an.

einzigartig
wunderbar toll
großartig

68

Aus dem Beruf des Barbiers haben sich viele neue Berufe entwickelt.

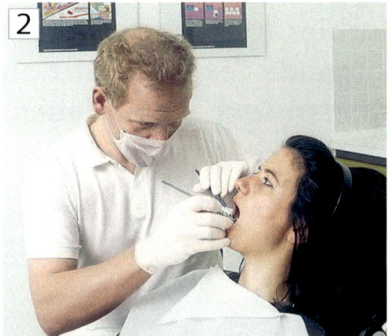
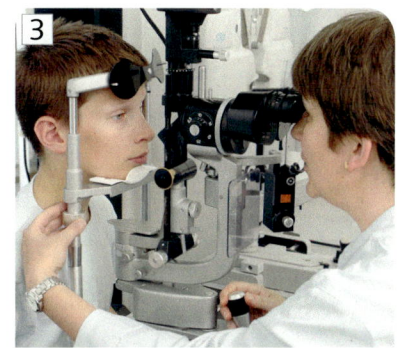

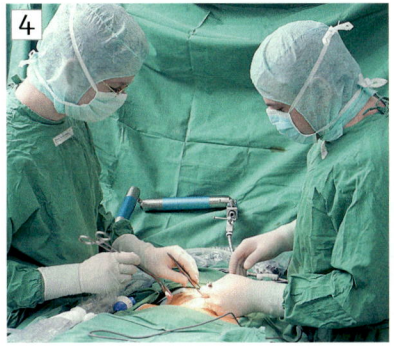
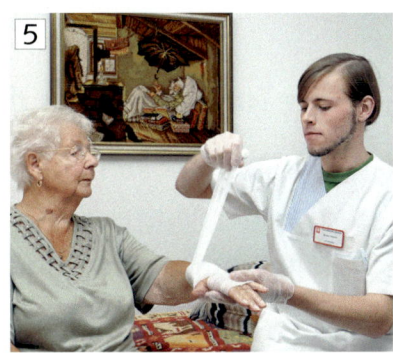

4
a. Welche Berufe erkennt ihr auf den Fotos?
b. Was tut sie oder er?
Schreibt zu jedem Foto einen Satz auf.

➡ Die Frisörin schneidet und föhnt ...

⟩⟩⟩ Die Frisörin schneidet
und föhnt ...
Der Zahnarzt zieht ...
Die Augenärztin
kontrolliert ...
Der Chirurg operiert ...
Der Krankenpfleger
verbindet ...
Die Apothekerin
mischt ...

 Das Wort Barbier gibt es in vielen Sprachen.

Deutsch	Englisch	Französisch	Italienisch	Spanisch	Türkisch
der Barbier	the barber	le barbier	il barbiere	el barbero	berber

5
a. Lest das Wort **Barbier** in den verschiedenen Sprachen
laut vor.
b. Hört genau hin. Was fällt euch auf?

Ein Markttag mit einem Barbier

Im Jahr 1685 bot der Barbier Johannes auf dem Markt
seine Dienste an. Der folgende Text erzählt darüber.
Der Textknacker hilft dir, den Text zu verstehen.

1 Lies den Text. Wende die Schritte vom Textknacker an. ➜ Textknacker: Seite 274

> **1. Schritt: Vor dem Lesen**
> **2. Schritt: Das erste Lesen**
> **3. Schritt: Den Text genau lesen**

📖 Ein Tag im Leben des Barbiers Johannes

1 „Der Barbier Johannes ist da!" Der 12-jährige Josef lief
2 zu seiner Mutter. „Jetzt wird Großvater endlich seine
3 Zahnschmerzen los und Vater kann sich rasieren lassen."

4 Am frühen Morgen des 20. Juni 1685 baute
5 der Barbier Johannes mit seinem Helfer Heinrich
6 auf dem Marktplatz in Paderborn seinen Stand auf.
7 Es war Markttag!

8 Josef brachte seinen Großvater zum Markt.
9 Händler boten lautstark ihre Waren an. Auch Heinrich
10 schlug auf seine Trommel und rief: „Haare schneiden
11 und rasieren für kleines Geld! Meister Johannes
12 hilft euch. Er verbindet Wunden, er heilt Zahnweh!"

13 Josefs Großvater und Vater warteten vor dem Stand.
14 Bald war der Vater dran. Der Barbier machte
15 das Gesicht des Vaters nass. Er seifte den Bart ein
16 und entfernte ihn mit einem Rasiermesser.
17 An der rechten Wange zögerte der Barbier. Die Wange
18 war eingefallen, weil die Backenzähne fehlten.
19 Der Barbier steckte dem Vater einen Löffel in den Mund.
20 Dadurch wurde die Wange gestrafft. Nun konnte der
21 Barbier weiter rasieren.

22 Endlich war der Großvater dran.

23 Der Großvater setzte sich hin. Mit einem Löffelstiel

24 klopfte der Barbier die Zähne nacheinander ab.

25 Auf einmal zuckte der Großvater zusammen.

26 „Da haben wir den Übeltäter", freute sich der Barbier.

27 „Heinrich, schlage die Trommel", sagte er

28 zu seinem Gehilfen. So wurden die Schmerzensschreie

29 übertönt. Der Barbier nahm eine Zange und

30 zog den schmerzenden Backenzahn.

31 Nun strahlte Josefs Großvater.

32 Zusammen gingen Josef, sein Vater und

33 sein Großvater nach Hause. Sie waren froh.

34 Der Großvater war endlich ohne Schmerzen und

35 der Vater hatte ein glattes Gesicht.

36 Als es dunkel wurde, bauten die Händler ihre Stände

37 ab und machten sich wieder auf die Wanderschaft.

38 Auch Meister Johannes zog zum nächsten Markt.

39 Er hatte vielen Menschen geholfen und

40 gutes Geld verdient.

4. Schritt: Nach dem Lesen

2 Was erfahrt ihr über den Markttag?

a. Legt eine Folie über den Text.
b. Markiert die Antworten auf die folgenden Fragen:
- Warum gingen Josef, der Großvater und der Vater zum Barbier?
- Warum schlug Heinrich zu Beginn des Markttages die Trommel?
- Wie rasierte der Barbier den Vater?
- Was tat der Barbier beim Großvater?
- Warum schlug Heinrich die Trommel später noch einmal?

c. Beantwortet die Fragen mündlich.

Über den Markttag berichten

Der Stadtschreiber Friedrich wollte über den Markttag berichten. Zuerst sammelte er wichtige Angaben. Dazu formulierte er W-Fragen.

– Wann fand der Markttag statt?
– Wo fand der Markttag statt?
– Wer arbeitete an dem Stand des Barbiers?
– Wer kam zum Barbier?
– Was tat der Barbier nacheinander?
– Wie endete der Besuch beim Barbier für den Vater
  und für den Großvater?
– Wie endete der Markttag für den Barbier?

 1 Finde die wichtigen Angaben.

    a. Lege eine Folie über den Text auf den Seiten 70 und 71.
    b. Markiere die Antworten auf die Fragen.

 2 **a.** Schreibe die Fragen ab.
    b. Beantworte die Fragen in Stichworten.
       • Verwende Verben im Präteritum.
       • Schreibe nur wichtige Angaben auf.

> er fand … statt,
> er machte, er seifte ein,
> er rasierte, er steckte,
> er klopfte, er schnitt,
> er zog, er baute ab,
> er zog weiter …

Wann fand der … ?
– der Markttag …
Wo fand der … ?
– in …
Wer kam … ?
– der Vater …
Was tat der …?
– beim Vater: Er machte das Gesicht nass, er seifte …
– beim Großvater: …

3 Überprüft eure Antworten gegenseitig.
    • Habt ihr alle Fragen beantwortet?
    • Habt ihr nur wichtige Angaben aufgeschrieben?

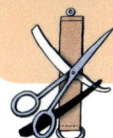

Bevor Friedrich mit dem Schreiben begann, ordnete er die gesammelten Informationen.

 4 a. Überlege, was nacheinander geschah.
b. Nummeriere deine Stichworte in der passenden Reihenfolge.

Nun konnte Friedrich über den Markttag berichten.

 5 a. Berichte über den Markttag.
Verwende deine Ergebnisse aus den Aufgaben 1, 2 und 4.
• Schreibe in Sätzen.
• Beachte die richtige Reihenfolge.
• Verwende Verben im Präteritum.
b. Schreibe eine Überschrift.

>>> Zuerst …
Dann …
Danach …
Zum Schluss …

⇨ …
Am 20. Juni 1685 fand ein Markttag auf dem Marktplatz in Paderborn statt.
…
Zuerst machte der Barbier das Gesicht des Vaters nass.
Dann seifte er …

📖 **6** a. Überprüfe deinen Bericht mit Hilfe der Checkliste.

Checkliste: Sachlich berichten	ja	nein
Habe ich alle W-Fragen beantwortet?	☐	☐
Habe ich nur wichtige Angaben aufgeschrieben?	☐	☐
Habe ich die Reihenfolge beachtet?	☐	☐
Habe ich im Präteritum berichtet?	☐	☐

 b. Überarbeite deinen Bericht.

→ Sachlich berichten: Seite 279

Berichten

**Auch die Marktfrau Grete bot ihre Waren
auf dem Markt in Paderborn an.**

 **Ein Tag im Leben der Marktfrau Grete**

1 Grete lebte auf einem Hof in der Nähe der Stadt.
2 Früh am Morgen des 20. Juni 1685 machte sie sich
3 auf den Weg zum Marktplatz in Paderborn.
4 Sie freute sich auf den Markttag. Auf dem Rücken
5 trug sie einen schweren Korb mit Waren:
6 Käse, Butter und Eier.

7 An ihrem Stand räumte Grete ihren Korb aus und
8 stellte die Waren auf. Die Menschen strömten herbei.
9 Alle wollten frische Eier, Butter und Käse kaufen.
10 Grete verkaufte ihre mitgebrachten Waren
11 in wenigen Stunden.

12 Nun lief Grete selbst über den Markt, um Waren
13 einzukaufen. Sie ging zu einem Fischhändler und
14 kaufte Fisch. Dann fand Grete einen hübschen Tonkrug.
15 Den Fisch und den Tonkrug packte Grete in ihren Korb.

16 Am Abend ging Grete den langen Weg zurück
17 nach Hause. Sie war müde, aber glücklich.

 1 Was erlebte die Marktfrau Grete am Markttag?

  a. Finde die wichtigen Angaben.
     Beantworte dazu die W-Fragen in Stichworten.
  b. Berichte über den Markttag.
     • Schreibe in Sätzen.
     • Schreibe nur wichtige Angaben auf.
     • Beachte die richtige Reihenfolge.
     • Verwende Verben im Präteritum.

>>> Wann war der Markttag?
Wo fand er statt?
Wer verkaufte
auf dem Markt?
Was passierte
an dem Tag?

Im Präteritum berichten

Der Stadtschreiber Friedrich berichtete über den Schuhmacher Christian.

 2 Lies den ersten Teil des Berichts.

 Der Schuhmacher Christian

1 Die Werkstatt des Schuhmachers Christian
2 befand sich am Marktplatz von Paderborn.
3 Am Morgen des 20. Juni 1685 war wieder Markttag.
4 Viele Menschen kamen zu Christians Werkstatt.
5 Einige kauften Schuhe. Andere brachten kaputte
6 oder alte Schuhe. Diese Schuhe reparierte Christian.
7 Einige Menschen ließen sich auch neue Schuhe
8 anfertigen. Für die Teile der Schuhe brauchte
9 Christian eine Schablone.

In dem Bericht stehen Verben im Präteritum.

 3 a. Schreibe die Verben untereinander auf.
b. Ergänze jeweils die Grundform (Infinitiv).

➡ er befand – befinden

》》 sein
befinden
kaufen
kommen
brauchen
reparieren
bringen
lassen

So berichtete Friedrich weiter:

10 Mit Hilfe der Schablone ▓▓ Christian passende
11 Lederstücke und ▓▓ sie zusammen.
12 Zum Schluss ▓▓ er die Sohle und die Absätze.
13 Nun ▓▓ der Schuh fertig.
14 Christian ▓▓ an diesem Tag viele Schuhe.
15 Am Abend ▓▓ er zufrieden die Werkstatt.

》》 nähte
war
schnitt
befestigte
verkaufte
schloss

 4 Schreibe den zweiten Teil des Berichts mit passenden Verben auf.

Über einen Museumsbesuch berichten

**Die Klasse war am 1. Juli 2011 mit ihrem Klassenlehrer
auf Spurensuche im Westfälischen Landesmuseum
für Handwerk und Technik in Hagen.**

**Einige Schülerinnen und Schüler erzählen,
was ihnen besonders gut gefiel.**

 1 Lies die Texte.

Abbas erzählt:

1 „Am besten gefiel mir die Schmiede.
2 Der Schmied erhitzte das Eisen über dem Feuer,
3 bis es rot glühte. Dann bearbeitete er das Eisen
4 auf dem Amboss mit einem Hammer.
5 Ratet mal, was er herstellte. Nägel!
6 Und am tollsten war,
7 dass ich einen Nagel mitnehmen durfte."

Mary erzählt:

1 „Ich schreibe gern Briefe.
2 In der Papiermühle konnte ich sehen,
3 wie man früher Papier herstellte.
4 Da gab es ein Mühlrad mit einem Stampfwerk,
5 das die Faserstoffe zerkleinerte.
6 Aus dem Brei schöpfte der Papiermacher
7 mit einem Sieb das Blatt und trocknete es.
8 Am Ende der Vorführung
9 durfte ich ein Blatt mitnehmen."

2 Was hast du über den Schmied und
den Papiermacher erfahren?
Tausche dich mit einer Partnerin / einem Partner aus.

Du kannst über den Museumsbesuch berichten.
Beim Schreiben helfen dir die Schritte vom Schreibprofi.

1. Schritt: Vor dem Schreiben

 3 **Was** willst du schreiben?

a. Schreibe die Fragen ab.

> – Wann war der Museumsbesuch?
> – Wo war das Museum?
> – Wer nahm daran teil?
> – Was sahen und erfuhren Abbas und Mary?
> – Was geschah zum Schluss?

b. Beantworte die Fragen in Stichworten.

→ Stichworte aufschreiben:
Seite 277

 4 In welcher Reihenfolge möchtest du berichten?
Nummeriere deine Stichworte.

2. Schritt: Beim Schreiben

 5 a. Berichte über den Museumsbesuch.
Verwende deine Ergebnisse von Aufgabe 3 und 4.
Schreibe Sätze auf.
b. Schreibe eine Überschrift.

→ Sachlich berichten:
Seite 279

3. Schritt: Nach dem Schreiben

 6 a. Überprüfe deinen Bericht mit Hilfe der Checkliste.

Checkliste: Sachlich berichten	ja	nein
Habe ich alle W-Fragen beantwortet?		
Habe ich nur wichtige Angaben aufgeschrieben?		
Habe ich die Reihenfolge beachtet?		
Habe ich im Präteritum berichtet?		

b. Überarbeite deinen Bericht.

Als die Heinzelmännchen noch halfen

Einst lebten in Köln die Heinzelmännchen.
Nachts halfen sie den Menschen bei der Arbeit.

 Die Heinzelmännchen August Kopisch

1 Wie war zu Köln es doch vordem[1]
2 mit Heinzelmännchen so bequem!
3 Denn war man faul, legte man sich
4 hin auf die Bank und pflegte sich: [...]
5 Und eh ein Faulpelz noch erwacht,
6 war all sein Tagwerk[2] bereits gemacht.

7 Beim Bäckermeister war nicht Not,
8 die Heinzelmännchen backten Brot.
9 Die faulen Burschen[3] legten sich,
10 die Heinzelmännchen regten[4] sich –
11 und ächzten[5] daher
12 mit den Säcken schwer!
13 Und kneteten tüchtig
14 und wogen es richtig
15 und hoben
16 und schoben
17 und fegten und backten
18 und klopften und hackten.
19 Die Burschen schnarchten noch im Chor:
20 Da rückte schon das Brot, das neue, vor!

[1] **vordem:** vor langer Zeit
[2] **das Tagwerk:** die Arbeit
[3] **die Burschen:** die Knaben, die jungen Männer
[4] **regten sich:** bewegten sich
[5] **ächzten:** stöhnten

 1 Lies dir das Gedicht vor.

 2 **a.** Schreibe die zweite Strophe des Gedichts in dein Heft ab.
b. Markiere die Verben farbig.

> Beim Bäckermeister war nicht Not,
> die Heinzelmännchen backten Brot. …

 3 **a.** Schreibe die Verben untereinander auf.
b. Ergänze jeweils die Grundform (Infinitiv).

> es war – sein
> sie backten – …,

>>> sein, backen, ächzen, kneten, legen, regen, heben, wiegen, fegen, schieben, klopfen, schnarchen, hacken, rücken

Die Heinzelmännchen haben auch anderen Handwerkern geholfen.

 4 **a.** Sieh dir das Bild an.
b. Welche Handwerker bekamen außerdem Hilfe?
Schreibe den richtigen Beruf auf.

>>> der Tischler, der Schreiner …

 5 Was taten die Heinzelmännchen?

a. Schreibe passende Verben im Präteritum auf.
b. Ergänze jeweils die Grundform (Infinitiv).

→ Wörterliste: Seite 290–300

> sie trugen – tragen, …

> Wenn wir **über Vergangenes schreiben**,
> benutzen wir Verben im **Präteritum**: er machte.

Training: Berichten

Über einen Vorfall berichten

Dieser Text erzählt von einem Spaziergang,
der sehr teuer wurde.
Du kannst über den Vorfall berichten.

1 Lies den Text. Wende die Schritte vom Textknacker an. → Textknacker: Seite 274

1. Schritt: Vor dem Lesen
2. Schritt: Das erste Lesen
3. Schritt: Den Text genau lesen

📖 **Ein teurer Spaziergang**

1 Am 16. Mai 2011 kam es im Stadtwald
2 von Bad Lippspringe zu einer unglücklichen
3 Begegnung. Gegen 15:00 Uhr verließ
4 der Rentner Hans Stracke sein Haus.
5 Begleitet wurde er wie immer
6 von seiner Katze Frida.
7 Zur gleichen Zeit machte sich
8 auf der anderen Seite des Waldes
9 die zwölfjährige Anna Schäfer mit ihrem
10 Dackel Wotan auf den Weg.

11 Gegen 15:20 Uhr trafen die beiden Paare
12 aufeinander. Wotan war nicht an der Leine.
13 Wotan witterte die Katze und rannte zu ihr.
14 Die Katze bekam Angst und kletterte schnell
15 auf einen etwa 15 Meter hohen Baum.
16 Der Dackel bellte und lief weiter.
17 Er fühlte sich als Sieger.

18 Herr Stracke schimpfte: „Hättest du
19 deinen Hund an der Leine geführt,
20 würde meine Frida jetzt nicht da oben sitzen."
21 Anna schrie zurück: „Wer geht schon mit
22 einer Katze spazieren! Das ist ja lächerlich!"
23 „Ich hole die Polizei!", sagte Herr Stracke.
24 Er versuchte, seine Katze vom Baum
25 herunterzulocken, aber nichts half.

26 Eine Stunde später saß Frida immer noch
27 auf dem Baum. Da blieb nur eine Lösung:
28 Herr Stracke griff zum Handy und
29 benachrichtigte die Feuerwehr.

30 Mit Blaulicht kam wenige Minuten später
31 ein Feuerwehrwagen angefahren.
32 Brandmeister Lange entschied:
33 „Dem Tier muss geholfen werden."
34 Ein Feuerwehrmann kletterte auf der Leiter
35 hoch zu Frida. Da Frida den Retter erblickte,
36 erschrak sie. Frida sprang vom Baum herunter.
37 Herr Stracke umarmte erleichtert die Katze.

38 Drei Tage später kam die Rechnung von
39 der Feuerwehr. Der Einsatz kostete 300 Euro.
40 Wütend griff Herr Stracke zum Telefon und
41 rief Annas Eltern an. Herr Schäfer
42 beruhigte ihn und sagte dann:
43 „Der Vorfall tut uns leid. Selbstverständlich
44 übernehmen wir die Kosten.
45 Wir sprechen noch heute mit der Versicherung."

4. Schritt: Nach dem Lesen

 2 Was geschah am 16. Mai 2011?
Erzähle mit eigenen Worten.

Berichten – Schritt für Schritt

Anna soll der Versicherung genau berichten, was geschah.
Auch du kannst der Versicherung genau berichten, was geschah.
Beim Schreiben helfen dir die Schritte vom Schreibprofi.

1. Schritt: Vor dem Schreiben
Ich **überlege**.
- **Für wen** will ich schreiben?
- **Was** will ich schreiben?

1 **Für wen** willst du schreiben?
Schreibe es auf.

2 **Was** muss in dem Bericht an die Versicherung stehen?

    a. Lege eine Folie über den Text.
    b. Markiere die Antworten auf die folgenden Fragen.

> *Wann geschah etwas?*
> *Wo geschah etwas?*
> *Wer war beteiligt?*
> *Was geschah der Reihe nach?*
> *Welcher Schaden entstand?*

3 **a.** Schreibe die Fragen ab.
    b. Beantworte die Fragen in Stichworten.
      • Verwende Verben im Präteritum.
      • Schreibe nur wichtige Angaben auf.

→ Stichworte aufschreiben: Seite 277

4 Überprüft eure Antworten gegenseitig.
- Habt ihr alle W-Fragen beantwortet?
- Habt ihr nur wichtige Angaben aufgeschrieben?

2. Schritt: Beim Schreiben
Nun **schreibe** ich.
Ich kann **Hilfen benutzen**,
zum Beispiel ein Wörterbuch.

 5 Schreibe einen Bericht.
Verwende deine Stichworte aus den Aufgaben 2 bis 4.

> Am … geschah um … im … von … folgender Vorfall.
> Beteiligt waren …
> Der Hund von … und die Katze von …
> Herr Stracke rief …
> Der Einsatz kostete …
> Annas Eltern …

3. Schritt: Nach dem Schreiben
Ich **prüfe**.
• Kann ich meine Wörter oder
  meine Sätze lesen und verstehen?
• Kann ein anderer aus der Klasse
  meine Wörter lesen und verstehen?
Ich **überarbeite**.

6 **a.** Tauscht eure Berichte aus.
b. Überprüft die Berichte mit Hilfe der Checkliste.

Checkliste: Sachlich berichten	ja	nein
Habe ich alle W-Fragen beantwortet?		
Habe ich nur wichtige Angaben aufgeschrieben?		
Habe ich die Reihenfolge beachtet?		
Habe ich im Präteritum berichtet?		

 7 Überarbeite deinen Bericht.

Beste Freunde

the friend

prijatelj
prijateljica

dost

der Freund
die Freundin

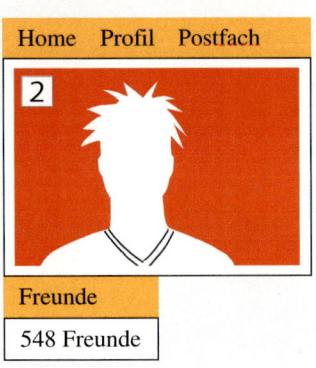

Home Profil Postfach

Freunde

548 Freunde

💬 **1** Was seht ihr auf den Bildern?
Was könnt ihr lesen?

👄 **2** Welche Bilder und Sprüche passen
zu deinen Freundschaften?

> Ich sehe …
> Sie fotografieren …
> An den Armen …
>
> das Armband
> das Profil

84

*Freundschaft ist
wie ein Blatt
im Wind.
Halt es gut fest,
sonst fliegt es davon.*

przyjaciel

przyjaciółka

l'ami   l'amie

3 Welches Bild fehlt dir vielleicht noch?
Beschreibe.

>>> Mir fehlt noch …
Auf einem Bild könnte
noch …

**In diesem Kapitel übt ihr, in einem Leserbrief
eure Meinung zu Freundschaften auszudrücken.**

Was ist Freundschaft?

Das Wort Freundschaft gibt es in vielen Sprachen.

przyjaźń

dostluk

the friendship

die Freundschaft

prijateljstvo

l'amité

 1
- Aus welchen Ländern kommen die Fahnen?
- Wie heißen die Sprachen dazu?
- Schreibt die Sprache und die zugehörigen Wörter auf.

Polnisch: przyjaźń

>>> Großbritannien, Frankreich, Kroatien, Polen, Türkei

Englisch, Französich, Kroatisch, Polnisch, Türkisch

Z **2** In welchen anderen Sprachen kennst du das Wort **Freundschaft**? Schreibe die Sprachen und die Wörter auf.

Freundschaft kann vieles bedeuten. Thea und Onur erzählen:

Mit meiner Freundin möchte ich gerne in die Stadt gehen, lachen und viel Spaß haben. Und meine Freundin soll ein Geheimnis für sich behalten können.

Mit meinen Freunden bin ich gerne draußen. Immer entdecken wir bei uns im Viertel noch was Neues. Und wenn es Stress gibt, sind meine Freunde auf meiner Seite.

3
- Was bedeutet Freundschaft für Thea und Onur?
- Was bedeutet Freundschaft für dich?

**Mit einer Punktabfrage könnt ihr herausfinden,
was Freundschaft für euch bedeutet.**

 4 Was ist für euch am wichtigsten in einer Freundschaft?

a. Sammelt zehn Stichworte an der Tafel.
b. Jeder klebt einen Klebepunkt neben
   die zwei Stichworte, die ihm wichtig sind.
c. Wertet die Punktabfrage aus.

nett zueinander sein
zusammen lachen
nicht alleine sein

**Immer mehr Menschen suchen sich auch Freunde
im Internet.**

1 98 Prozent der Jugendlichen zwischen 10 und

2 18 Jahren nutzen das Internet.

3 Dies zeigen neueste Studien.

4 Im Durchschnitt[1] hat jeder Jugendliche 150 virtuelle

5 Freunde. Ein Drittel der Jugendlichen zwischen

6 14 und 17 Jahren gab bei einer Umfrage an,

7 dass sie durch das Internet nicht alleine sind.

8 Im Internet ist fast nichts geheim.

9 Deshalb warnen Experten davor,

10 persönliche Dinge im Internet zu schreiben.

[1] **im Durchschnitt**: im Mittelwert

 5 a. Beantwortet die folgenden Fragen.
   • Was gab ein Drittel der Jugendlichen
     bei der Umfrage an?
   • Wovor warnen die Experten?
b. Habt ihr Freunde im Internet?
   Erzählt.

Freundschaften mit Internet und ohne Internet

Hundert Freunde im Internet? Oder lieber drei Freunde gleich nebenan? In einem Jugendmagazin steht dazu ein Artikel.

1 Lest den Artikel. Wendet die Schritte vom Textknacker an.
→ Textknacker: Seite 274

„Ich habe über 600 Freunde!"

1 Im Internet ist fast alles möglich.

2 Du kannst einkaufen und Bücher lesen oder in

3 wenigen Sekunden neue Menschen kennen lernen.

4 Aber wie wichtig sind Internet-Freundschaften?

5 Hülya und Sanne sind seit dem Kindergarten befreundet.

6 Doch jetzt streiten sie immer wieder. „Hülya hat kaum

7 noch Zeit für mich", beschwert sich Sanne. Denn Hülya

8 chattet jeden Tag drei Stunden mit ihren Freunden.

9 Hülya hat 650 Kontakte im Internet. „So bin ich

10 nie allein! Wenn mich nämlich jemand nervt oder

11 enttäuscht, habe ich noch genug andere Freunde",

12 freut sich Hülya. „Viele meiner Freunde sind

13 aus meiner alten Schule, meiner neuen Klasse,

14 der Parallel-Klasse und vom Tischtennis."

15 Hülya ist meistens schon vor der Schule im Internet

16 unterwegs. Am Nachmittag lernt sie bei öffentlichen

17 Chats oft neue Leute kennen. Ein Leben ohne Internet

18 kann sie sich nicht mehr vorstellen. Sanne hat sich

19 neue Freundinnen gesucht, mit denen sie sich auch

20 mal im Freibad treffen kann. „Eine von ihnen hat mir

21 letztens den Kopfsprung beigebracht!" Oder sie

22 verabreden sich am Stadtpark zum Inlineskaten.

23 „Freunde von nebenan sind doch viel besser.

24 Auf die kann ich mich immer verlassen", findet Sanne.

25 Und was meint ihr? Wo habt ihr eure Freundschaften?

    a. Legt eine Folie über den Artikel.
    b. Markiert die Antworten auf die folgenden Fragen:
        • Was macht Hülya mit ihren Freunden?
        • Was macht Sanne mit ihren Freunden?
        • Warum freut sich Hülya über ihre vielen Freunde?
        • Woher kennt Hülya ihre Freunde?
    c. Beantwortet die Fragen in Sätzen.

**Das Jugendmagazin hat zwei Leserbriefe[1]
zu dem Artikel abgedruckt.**

[1] **der Leserbrief:** im Leserbrief schreiben Zeitungsleser ihre Meinung

> 1 Ich finde, dass Hülya **recht hat**. Denn mit so vielen
> 2 Freunden bin ich **nie allein**. Zum Beispiel ist immer
> 3 jemand online. Ich habe sogar noch **viel mehr Freunde**
> 4 als Hülya. Internetfreunde sind toll, denn sie **nerven**
> 5 **mich nicht** mit ihren Problemen. Probleme interessieren
> 6 mich nicht. Ich bin doch **kein Sorgentelefon**.
> 7 Im Internet kann ich den Freund dann **blocken**.
> *(Khan, 13 Jahre)*

> 1 Ich bin **froh**, dass es das **Internet** gibt.
> 2 Denn im Internet kann ich viele **Jugendliche finden**,
> 3 die auch gerne Detektivgeschichten lesen.
> 4 Wir können zum Beispiel über die neuesten Bücher reden.
> 5 Aber meine **beste Freundin** Maya wohnt **in der Nähe**.
> 6 Wir verstehen uns **ohne Worte**. Manchmal schauen
> 7 wir uns nur an und müssen beide **lachen**.
> *(Jessy, 12 Jahre)*

 3 • Wann blockt Khan einen Internetfreund?
        • Worüber redet Jessy mit den Jugendlichen im Internet?

Einen Leserbrief schreiben

In einem Leserbrief kannst du zu einem Artikel deine Meinung schreiben und begründen.

 1 Welche Meinung haben Hülya, Sanne, Khan und Jessy zu Freundschaften?

a. Lies noch einmal den Artikel auf Seite 88 und die Leserbriefe auf Seite 89.

   b. Schreibe jede Meinung in einem Satz auf.

Meinung

> Hülya findet …
>
> …

2 Wie begründen die Jugendlichen ihre Meinung?

Grund

   a. Zeichnet eine Tabelle.
   b. Tragt die Gründe ein.

Gründe für Internetfreunde	Gründe für Freunde von nebenan
Man kann viele Freunde haben und ist nie allein. …	…

Z **3** Welche weiteren Gründe findet ihr für Internetfreunde und für Freunde von nebenan? Ergänzt die Gründe in eurer Tabelle.

Mit Beispielen kannst du deine Gründe (Argumente) noch veranschaulichen.

4 Hülya und Khan nennen beide als Grund: **Mit so vielen Freunden ist man nie allein!**

Beispiel

   a. Welches Beispiel nennt Hülya?
   b. Welches Beispiel nennt Khan?
   c. Welches Beispiel überzeugt euch mehr? Begründet.

Auch du kannst deine Meinung in einem Leserbrief aufschreiben.

 5 Welche Freundschaften sind dir wichtig: mit Internetfreunden oder Freunden von nebenan? Schreibe deine **Meinung** auf.

 Meinung

>  Ich bin der Meinung, dass …
> Ich finde, dass …

W **6** a. Wähle für deine Meinung passende **Gründe** aus.
  • Wähle Gründe aus der Tabelle von Aufgabe 2 aus.
  • Oder finde eigene Gründe.
  b. Schreibe Sätze mit **da** oder **weil** auf.

 Grund

> Ich finde …, da ich … bin.

 7 Schreibe zu einem deiner Gründe ein **Beispiel**. Verwende deine Ergebnisse aus Aufgabe 4. Kennzeichne das Beispiel mit **beispielsweise**, **zum Beispiel**.

 Beispiel

> Freunde im Internet sind zum Beispiel …

8 Schreibe nun deinen eigenen Leserbrief. Verwende deine Ergebnisse aus den Aufgaben 5 bis 7. Beachte die Arbeitstechnik **Einen Leserbrief schreiben**.

⚙ Arbeitstechnik

Einen Leserbrief schreiben

• Schreibe zuerst deine **Meinung** auf.
• Schreibe dann deine **Gründe** und **Beispiele** auf.
• **Verbinde** deine Sätze mit passenden Wörtern, z. B. **weil** und **da**.

---

 9 a. Überprüft gegenseitig eure Leserbriefe.
  b. Überarbeitet eure Leserbriefe.

Einen Leserbrief vorbereiten

**Auch Leo möchte einen Leserbrief zu dem Artikel schreiben.
Er bereitet den Leserbrief vor. Zuerst überlegt Leo,
was er über Freundschaften denkt.**

> Im Chat findet man keine besten Freunde.

> Ich kenne meine besten Freunde aus dem Fußballverein und manche schon aus dem Kindergarten.

> Richtige Freunde wissen, wenn ich mal schlecht drauf bin.

> Internetfreunde sind keine richtigen Freunde.

> Und mit Freunden von nebenan kann man auch mal was unternehmen.

> Ich spiele mit meinen Freunden gerne Kicker.

1 Welche **Meinung** hat Leo zu Freundschaften?
Schreibe seine Meinung in der Ich-Form auf.

➡️ Ich finde, dass …

2 Leo überlegt sich **Gründe** und auch **Beispiele** dafür.

    a. Welches Beispiel und welcher Grund passen zusammen?
    Ordne zu.
    b. Schreibe die Gründe und die Beispiele zusammen auf.

3 Verbinde Leos Sätze miteinander.
- Verwende für Gründe **weil** oder **da**.
- Kennzeichne die Beispiele mit **zum Beispiel**, **beispielsweise**.

Sätze verbinden

**In fast jedem Text sind die Sätze miteinander verbunden.
Hier kannst du üben, wie du Sätze mit weil oder da verbindest.**

> Ich habe viele Freunde.

> Ich möchte nie allein sein.

**Beide Sätze Hülyas haben etwas miteinander zu tun.
Du kannst die Sätze verbinden.**

4 Ergänze die Sätze. Schreibe sie in dein Heft.

Ich habe viele Freunde, ▨▨▨ ich nicht allein sein möchte.   ⟩⟩⟩ weil,
Ich habe viele Freunde, ▨▨▨ ich nicht allein sein möchte.   da

Auch die folgenden Sätze kannst du verbinden.

5 Verbinde auch die folgenden Sätze miteinander.
Schreibe die Sätze vollständig in dein Heft.

Ich mag meine Freundin. Ich kann ihr vertrauen.
Ich mag meine Freundin, ▨▨▨ ich ihr vertrauen kann.   ⟩⟩⟩ weil,
                                                              da
Mein Freund ist toll. Ich kann mit ihm lachen.
Mein Freund ist toll, ▨▨▨▨▨▨▨▨▨▨ .

Freunde sind wichtig. Niemand ist gerne allein.
Freunde sind wichtig, ▨▨▨▨▨▨▨▨▨▨ .

Z 6 Schreibe drei eigene Sätze mit **weil** und **da** auf.

Wie kann eine Freundschaft sein?

**Freundschaften können unterschiedlich sein.
Wie eine Freundschaft sein kann, erfährst du
in diesem Gedicht.**

📖 Danke sagen   Norbert van Tiggelen

1 [...]

2 Mit Dir, da kann ich lachen,

3 darf auch mal ehrlich sein,

4 Du meinst es immer gut mit mir,

5 stellst niemals mir ein Bein.

6 Für diese warme Freundschaft,

7 die mir gibt Behagen[1],

8 wollte ich von Herzen,

9 ganz einfach danke sagen.

    [1] **das Behagen**: die Zufriedenheit, die Vergnügtheit

1 Lies das Gedicht einer Partnerin / einem Partner vor.

**In dem Gedicht wird beschrieben,
wie eine Freundschaft sein kann.**

2 Sprecht über diese Fragen:
• Wie darf man in einer Freundschaft sein?
• Was kann man in einer Freundschaft tun?

3 a. Schreibe das Gedicht ab.
    b. Markiere alle Verben farbig.

> Mit dir, da kann ich lachen,
> darf ...

 4 Wie darf, kann und muss eine Freundschaft für dich sein?

>>> ehrlich, fröhlich, lustig, schwierig, sportlich ...

a. Finde passende Adjektive.
b. Schreibe sechs Sätze auf.
   Verwende dabei **darf**, **kann** und **muss**.
c. Markiere die Verben farbig.

➡ Eine Freundschaft darf fröhlich sein.
   ...

 5 Was darf, muss und kann deine Freundin oder dein Freund tun? Schreibe Sätze auf.

Meine Freundin Mein Freund	darf	mich um Hilfe bitten. mich nicht anlügen. mir Geheimnisse anvertrauen. ...
	muss	nett zu mir sein. zu mir halten. ehrlich sein. ...
	kann	mit mir Sport treiben. mit mir ins Kino gehen. mir vertrauen. ...

Z **6** Schreibe dein eigenes Freundschafts-Gedicht.
Verwende deine Ergebnisse aus Aufgabe 5.

Z **7** Lies dein Gedicht in der Klasse vor.

Training:
Meinungen äußern und begründen

Das Internet-Café der Parkschule soll geschlossen werden.
In einer Mitteilung informiert die Schulleiterin darüber.

1 Lies die Mitteilung.
Wende die Schritte vom Textknacker an. → Textknacker: Seite 274

Internet-Café geschlossen

1 Liebe Schülerinnen und Schüler,

2 in der vergangenen Woche hat die Schulkonferenz

3 über das Internet-Café beraten. Die Mehrheit meint,

4 dass das Internet-Café missbraucht wurde.

5 Deshalb soll es bis auf Weiteres[1] geschlossen werden.

6 Dafür gibt es einen Grund:

7 Für die Nutzung des Internet-Cafés gibt es Regeln.

8 Einige Schülerinnen und Schüler haben sich nicht

9 an diese Regeln gehalten. Zum Beispiel haben sie sich

10 bei Anbietern für Spiele und Downloads angemeldet.

11 Sie haben dort E-Mail-Adressen und persönliche Adressen

12 angegeben. Einige Eltern und die Schule haben dadurch

13 viele Werbemails erhalten. Auch Rechnungen

14 von unbekannten Firmen sollten sie bezahlen.

15 Mit freundlichen Grüßen

Ilse Samet
Schulleiterin

[1] **bis auf Weiteres:** für eine unbestimmte Zeit

2 Worum geht es in der Mitteilung?

 3 Was meint die Mehrheit der Schulkonferenz?
Schreibe einen Satz auf.

Meinung

> ➡ Die Mehrheit der Schulkonferenz
> meint, dass das Internet-Café …

4 Welchen Grund gibt es
für die Schließung des Internet-Cafés?
Schreibe den Grund auf.

Grund

5 Welches Beispiel wird genannt?

Beispiel

    a. Lies die Mitteilung noch einmal genau.
    b. Schreibe das Beispiel auf.

**Die Schülerinnen und Schüler der Klasse 6c
möchten sich an Frau Samet wenden.**

Wir könnten auch einen Brief schreiben. Den Brief kann Frau Samet in Ruhe lesen.

Lasst uns mit Frau Samet sprechen. Sie soll wissen, was wir zu der Schließung meinen. Vielleicht wird das Internet-Café ja dann wieder geöffnet.

 6 Sprecht über die folgenden Fragen.
    • Welche Vorteile und welche Nachteile hat ein Gespräch?
    • Welche Vorteile und welche Nachteile hat ein Brief?
Begründet.

> ➡ In einem Gespräch können wir …

99

Die Klasse 6c will einen Brief an Frau Samet schreiben.

1 Durch die Schließung werden alle bestraft. Das ist ungerecht.

2 Und ich arbeite an meinen Hausaufgaben oder bereite mich auf den Unterricht vor.

3 Ich lese immer nur meine E-Mails.

4 Nun können wir nicht mehr die Mittagspause nutzen, um uns zu informieren.

5 Die meisten von uns haben doch die Regeln eingehalten.

6 Das Internet-Café sollte möglichst schnell wieder öffnen.

7 Nicht alle haben zu Hause einen Internetanschluss. Informationen müssen sie sich dann woanders besorgen.

1 Ordnet die Sprechblasen den folgenden Fragen zu.
- Welche **Meinung** haben die Schülerinnen und Schüler?
- Welche **Gründe** nennen sie?
- Welche **Beispiele** nennen sie?
- Welche **Bitte** haben sie?

➡ Meinung: Durch die Schließung …

2 Welche Meinung haben die Schülerinnen und Schüler? Schreibe die Meinung in der Wir-Form auf.

Meinung

➡ Unserer Meinung nach …

3 Warum sollte das Internet-Café wieder geöffnet werden? Schreibe zwei wichtige Gründe auf.

Grund

4 Welche Beispiele kannst du zu den Gründen nennen?

Beispiel

   a. Ordne die Beispiele den passenden Gründen zu.
Z b. Schreibe weitere eigene Beispiele auf.

Z **Stelle dir vor, du bist in der Klasse 6c.**
Du schreibst den Brief an Frau Samet.

 5 a. Schreibe den Ort und das Datum auf.
b. Schreibe eine Anrede auf.

 6 a. Schreibe auf, warum die Klasse 6c den Brief schreibt.
b. Schreibe dann die Meinung der Klasse 6c auf.

Köln, 15.4.2013 .... Ort, Datum

Anrede .... *Liebe Frau Samet,*

wir haben erfahren, dass das Internet-Café
geschlossen wurde. Das finden wir ...

 7 Begründe die Meinung der Klasse 6c.
Verwende die Gründe von Aufgabe 3.
Schreibe Sätze mit **da** oder **weil** auf.

 Die Schließung des Internet-Cafés ist ungerecht,
da ...

 8 Schreibe zu jedem Grund ein passendes Beispiel.
Verwende deine Ergebnisse aus Aufgabe 4.
Kennzeichne die Beispiele mit **zum Beispiel,**
beispielsweise.

Wir bitten Sie ...
Wir würden uns freuen,
》》》 wenn ...

 9 Schreibe zum Schluss die Bitte der Klasse 6c auf.

 10 Beende den Brief mit dem Gruß.

》》》 Mit freundlichen Grüßen
Mit besten Grüßen
...

 11 a. Überprüft eure Briefe gegenseitig.
b. Überarbeitet eure Briefe.

Fantastisches

Eine fantastische[1] Welt gestalten

[1] **fantastisch:** unwirklich

Wir könnten ein Insekt erfinden, das wie ein Stern leuchtet. Wir nennen es …

Wir könnten ein Insekt erfinden, das lauter als ein Vogel singt. Wir nennen es …

Vor langer Zeit lebten fünf Freunde. Sie arbeiteten in einer Insektenwerkstatt. Zusammen erfanden sie viele Insekten, die auf unserer Welt leben.

 1 Welche Insekten erfanden die Freunde?
- Seht euch das Bild an.
- Lest auch die Sprechblasen.
- Wie heißen die Insekten?

 2 Welches Insekt hättest du gern erfunden?

a. Zeichne dein Insekt.
b. Beschreibe dein Insekt.

>>> der Grashüpfer, der Marienkäfer, das Glühwürmchen, die Ameise, die Grille, die Biene, die Fliege, die Hummel, die Libelle

Ich erfinde ein kleines,
starkes Insekt.
Es soll … heißen.

Außerdem mache ich
ein Insekt mit einem kleinen Panzer.
Es ist rot mit schwarzen Punkten.
Dieses Insekt nenne ich …

Wir könnten ein Insekt
erfinden, das wie ein Känguru
durch das Gras hüpft.
Wir nennen es …

**In diesem Kapitel lest ihr gemeinsam
eine fantastische Geschichte. Dazu braucht ihr
eine fantastische Atmosphäre in der Klasse.**

3 Wie könnt ihr diese Atmosphäre in der Klasse schaffen?
Sammelt eure Ideen an der Tafel.

>>> besondere
Kopfbedeckung,
verrückte Sitzplätze …

leise Musik

*eine fantastische
Atmosphäre*

das Licht
verändern

…

Eine fantastische Geschichte lesen

Hier steht der Anfang der Geschichte über Rodolfo und seine Freunde.

📖 **Die Gestalter aller Dinge** nach Gioconda Belli

1 Vor langer Zeit lebten fünf Freunde.
2 Sie hießen: Rodolfo, Gwendolin, Kalle,
3 Paganini und Fedora. Die Freunde arbeiteten
4 in einer Insektenwerkstatt.
5 Sie erfanden zusammen viele Insekten.
6 Gwendolin erfand das Glühwürmchen.
7 Kalle erfand die Grille und Paganini den Grashüpfer.
8 Rodolfo hatte von allen die meisten Ideen.
9 Er erfand die Ameise und den Marienkäfer.
10 Rodolfo träumte davon,
11 ein besonderes Insekt zu erfinden.
12 Dieses Wesen[1] sollte gleichzeitig wie ein Vogel und
13 wie eine Blume sein. Immer wieder träumte Rodolfo
14 diesen Traum.

[1] **das Wesen:** etwas, das lebt

 1 a. Welche Insekten erfanden die Freunde?
   b. Wovon träumte Rodolfo?
      Beschreibt das Insekt.
   c. Was könnte Fedora erfunden haben?

Ihr könnt den Anfang der Geschichte unterschiedlich vorlesen.

 **2** a. Wählt eine Vorleserin oder einen Vorleser aus.
   b. Probiert beim Vorlesen verschiedene
      Möglichkeiten aus.
      • Betont besonders die hervorgehobenen Wörter.
      • Lest mal langsam und mal schnell.
      • Lest mal laut und mal leise.

die Ameise

die Grille

der Marien-
käfer

der Gras-
hüpfer

das Glüh-
würmchen

Rodolfo träumte davon, ein besonderes Insekt zu erfinden.

15 Es war schon spät in der Nacht. Rodolfo hatte
16 viele Stunden gezeichnet. Endlich hatte er
17 ein wunderbares Insekt erfunden. Die großen Flügel
18 glänzten wie Metall. Der Körper schimmerte[2]
19 im Mondlicht. Rodolfo blies vorsichtig auf das Papier.
20 Eine Libelle flog in die Luft. Rodolfo rief leise
21 seine Freundin Fedora.

22 Gemeinsam schauten sie dem Flug der Libelle zu.
23 Fedora sagte: „Sie ist so schön! Sieh nur!"
24 Rodolfo sagte nachdenklich: „Ja, sie ist schön.
25 Aber das Wesen in meinem Traum ist schöner!"
26 Fedora rief: „Vielleicht ist dein Traum zu anspruchsvoll!
27 Du musst bescheidener werden. Nicht alle Träume
28 werden wahr!" Rodolfo protestierte[3]: „Fedora, wir sind
29 die Gestalter aller Dinge. Wir dürfen unsere Träume
30 nicht aufgeben! Ich muss es weiter versuchen!"

31 Rodolfo begann wieder mit seiner Arbeit.
32 Er dachte Tag und Nacht nur noch an seinen Traum.
33 Seine Freunde aber machten sich Sorgen um ihn.

[2] **schimmern**: leuchten, glänzen
[3] **protestieren**: zeigen oder sagen, dass man nicht einverstanden ist

 3 Was möchte Rodolfo? Was möchte Fedora?

W **4** Rodolfo und Fedora unterhalten sich. Wählt aus:
- Lest das Gespräch mit verteilten Rollen.   → Zeile 23–30
- Oder erfindet ein Gespräch, in dem Fedora Rodolfo
  ihre Sorgen nennt.

> Ich mache mir Sorgen um dich, weil …
> Ich will meinen Traum nicht aufgeben, weil …

Eine Szene ohne Worte darstellen

Rodolfo dachte nur noch an seinen Traum.

34 Verzweifelt ging Rodolfo in der Nacht an den See.

35 Er legte sich traurig ins Gras und weinte bitterlich.

36 Erst als der Morgen dämmerte, schlief er ein.

37 Da wurde er von schwirrenden Flügeln geweckt.

38 Rodolfo rieb sich die Augen. Ein Kolibri[4] steckte

39 den langen Schnabel in eine Blüte und trank Nektar[5].

40 Dann flog der Kolibri über das Wasser.

41 Rodolfo sah dem Vogel nach. Das Spiegelbild des Vogels

42 schwebte über dem Wasser. Die Sonnenstrahlen

43 zauberten tausend Farben auf das Wasser.

44 Die Spiegelung sah immer wieder anders aus.

45 Mal wie ein Vogel, mal wie eine Blume.

46 Rodolfo riss die Augen weit auf. Er schlug sich an

47 die Stirn. Hier war das, was er so lange gesucht hatte!

48 Es schwebte vor seinen Augen auf dem Wasser!

49 Glücklich breitete Rodolfo seine Arme aus.

50 Er wusste endlich, wie sein Geschöpf[6] aussehen musste.

51 Er wollte es 🪁 nennen. Rodolfo rannte

52 in die Werkstatt. Er zeichnete den Körper und

53 die Flügel des 🪁. Die Flügel sollten leicht sein.

54 Rodolfo zeichnete kleine Schuppen. Zum Schluss

55 gab er dem kleinen Körper zarte Füße und

56 eine lange Zunge.

[4] **der Kolibri:** ein Vogel
[5] **der Nektar:** der süße Blumensaft
[6] **das Geschöpf:** Das bedeutet hier Lebewesen.

Nun wusste Rodolfo, wie sein Geschöpf aussehen sollte.

1 Was sah Rodolfo auf dem Wasser?
Beschreibt das Geschöpf.

> ➡ Das Geschöpf hatte einen langen …

Ihr könnt Rodolfos Gefühle ohne Worte darstellen.

2 Wie fühlte sich Rodolfo in der Nacht und am Morgen?

   a. Lest noch einmal den Text auf Seite 106.
   b. Schreibt Stichworte auf.

➡ Zeile 34–38, 46–52
➡ Stichworte aufschreiben: Seite 277

3 a. Welche Gefühle wollt ihr darstellen? Wählt aus:
     • Rodolfos Gefühle in der Nacht
     • oder Rodolfos Gefühle am Morgen
   b. Stellt die Gefühle ohne Worte dar. Probiert
     die Körperhaltung und den Gesichtsausdruck aus.
   c. Besprecht, welche Körperhaltung und
     welcher Gesichtsausdruck am besten wirken.

Ihr könnt nun die ganze Szene ohne Worte darstellen.

4 a. Bildet 3er-Gruppen.
   b. Verteilt die Rollen: Rodolfo, der Kolibri und
     ein Beobachter.
   c. Der Beobachter sieht zu und gibt Tipps.

5 a. Bereitet das Spiel vor. Überlegt bei jedem Absatz:
     • Was geschieht in dem Absatz?
     • Was machen Rodolfo und der Kolibri?
     • Wie fühlen sie sich?
     Tipp: Nutzt auch eure Stichworte aus Aufgabe 2.
   b. Probiert verschiedene Körperhaltungen und
     Gesichtsausdrücke aus.
   c. Übt so lange, bis ihr die Szene gut darstellen könnt.

6 Spielt die ganze Szene der Klasse vor.

Eine Szene spielen

Rodolfo hat seine Arbeit an dem neuen Geschöpf beendet.

57 Rodolfo führte seine Freunde zu einer Höhle im Wald.

58 Er zündete Kerzen an, um die Höhle zu beleuchten.

59 Dann blies Rodolfo auf seine Zeichnung. Die Freunde

60 staunten. Ein orangefarbener 🦋 erhob sich.

61 Auf seinen Flügeln leuchteten gelbe Streifen.

62 „Eine fliegende Blume!", rief Paganini.

63 „Ein winziger Vogel!", staunte Kalle. Gwendolin rief:

64 „Du hast es tatsächlich geschafft!" Beschämt[7] meinte

65 Fedora: „Wir haben nicht mehr geglaubt, dass du es

66 schaffen würdest! Man sollte sich nicht über die Träume

67 anderer lustig machen!" Alle umarmten Rodolfo. [...]

68 Glücklich und stolz sagte Rodolfo: „Er ist ein Insekt,

69 aber so zart wie eine Blume. Er kann fliegen wie

70 ein Vogel. Die Menschen werden seine Schönheit

71 bewundern. Wir sollten dieses Geschöpf in tausend

72 Farben entwerfen. Und wir beantragen eine Werkstatt

73 nur für Schmetterlinge."

[7] **beschämt**: voller Reue und Scham

Diese Szene in der Höhle könnt ihr gut spielen.

 1 a. Bildet 5er-Gruppen.
   b. Verteilt die Rollen: Rodolfo, Paganini, Fedora,
      Kalle und Gwendolin.

 2 Jeder erstellt Rollenkarten.

   a. Teilt ein Blatt Papier in zwei Hälften.
   b. Jeder bereitet seine Rolle vor.
      • Schreibe den Text auf die linke Seite.
      • Welche Wörter willst du besonders betonen?
        Markiere diese Wörter in deinem Text.

3 Schreibt zu jeder Rolle auf:
- Wie sehen die Gesichter aus?
- Wie bewegen sich die Figuren?

Rolle: Paganini

„Eine fliegende Blume!"

- Mund steht offen
- erstaunt schauen
- in die Hände klatschen

4 a. Jeder lernt seinen Text auswendig.
b. Übt gemeinsam die Szene.

5 Bereitet Beobachtungsbögen für die Zuschauer vor.

Rolle: Rodolfo, Darsteller: Emre

- Körperhaltung und
  Gesichtsausdruck: gut ☐   schlecht ☐
- kennt den Text: gut ☐   schlecht ☐
- spricht: in gutem Tempo ☐   zu langsam ☐   zu schnell ☐
                    deutlich ☐   undeutlich ☐
            in guter Lautstärke ☐   zu laut ☐   zu leise ☐
Weitere Tipps: ☐

6 a. Spielt die Szene vor.
b. Die Zuschauer füllen die Beobachtungsbögen aus.
- Was hat euch gefallen?
- Was möchtet ihr verändern?

7 a. Besprecht, was ihr vielleicht ändern wollt.
b. Spielt die Szene so oft, bis ihr zufrieden seid.

Ihr könnt auch die anderen Szenen spielen.

⚙ Arbeitstechnik

Eine Szene spielen

- Legt fest, welche Figuren es gibt. **Verteilt** die **Rollen**.
- Schreibt den **Text** für jede Rolle auf eine **Rollenkarte**.
- **Markiert** Wörter, die ihr **besonders betonen** möchtet.
- Schreibt Angaben zu Körperhaltung und Gesichtsausdruck auf.
- Lernt euren **Text auswendig**.
- **Übt gemeinsam**, die Szene zu spielen.
- **Besprecht**, was ihr vielleicht verändern wollt.

Einen Text szenisch spielen

Welche Gruppe spielt die Szene in der Höhle am besten vor? → Seite 108
Mit Hilfe von Zuschauerkarten könnt ihr es entscheiden.

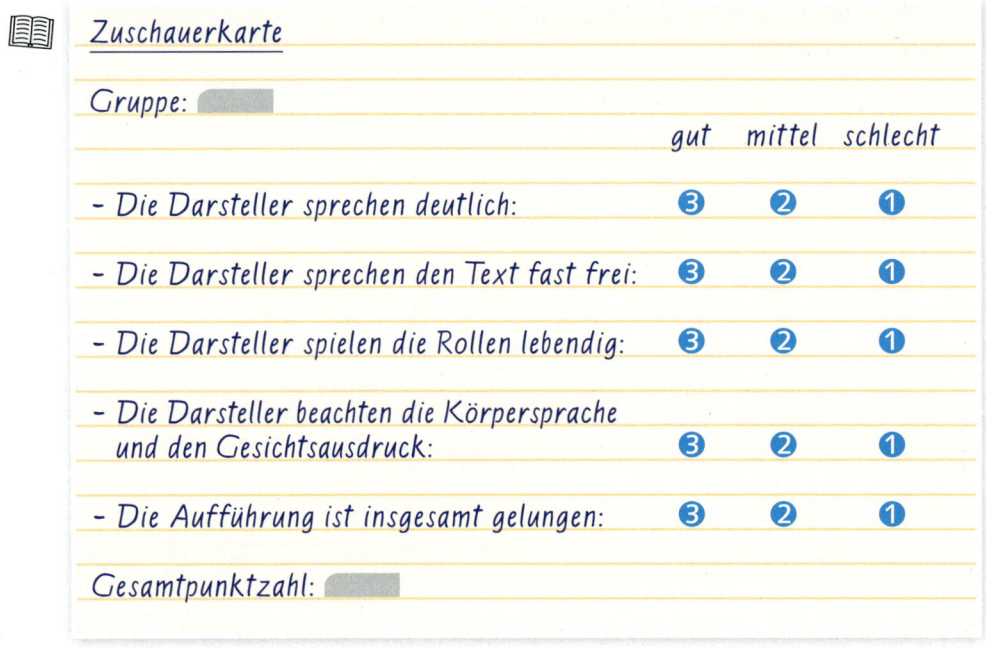

Zuschauerkarte

Gruppe:

	gut	*mittel*	*schlecht*
– Die Darsteller sprechen deutlich:	❸	❷	❶
– Die Darsteller sprechen den Text fast frei:	❸	❷	❶
– Die Darsteller spielen die Rollen lebendig:	❸	❷	❶
– Die Darsteller beachten die Körpersprache und den Gesichtsausdruck:	❸	❷	❶
– Die Aufführung ist insgesamt gelungen:	❸	❷	❶

Gesamtpunktzahl:

1 Verteilt vor jeder Aufführung eine Zuschauerkarte
an jeden Zuschauer.

2 a. Jede Gruppe spielt nacheinander → Seite 108
  die Szene in der Höhle vor.
  b. Die Zuschauer füllen die Zuschauerkarte aus.
  Sie kreuzen ❸, ❷ oder ❶ an.

3 Sammelt nach jeder Aufführung
die ausgefüllten Zuschauerkarten ein.

**Die Gruppe mit den meisten angekreuzten Punkten
hat gewonnen.**

4 Wertet die Zuschauerkarten aus.
Zählt die Punkte zusammen.

Ohne Worte sprechen

In Rodolfos Geschichte kommt ein Spiegelbild vor.

 5 Lies noch einmal den Absatz.

41 Rodolfo sah dem Vogel nach. Das Spiegelbild des Vogels

42 schwebte über dem Wasser. Die Sonnenstrahlen

43 zauberten tausend Farben auf das Wasser.

44 Die Spiegelung sah immer wieder anders aus.

45 Mal wie ein Vogel, mal wie eine Blume.

 6 a. Finde die Antworten auf die folgenden Fragen.
- Was machte das Spiegelbild des Vogels?
- Wie sah das Spiegelbild aus?

 b. Schreibe die Fragen und die Antworten auf.

 Das Spiegelbild schwebte …
und es zeigte tausend …

 7 Spielt den Absatz als Spiegelbild.

Ein Spiegelbild darstellen

So geht's:
- **Bildet Paare.**
- **Stellt euch gegenüber** auf. Lasst zwischen euch einen Meter Abstand.
- **Einer macht Bewegungen** vor.
  Der **andere macht** diese Bewegungen **genau nach**.
  Sprecht dabei bitte **nicht**.
- Probiert auch verschiedene Gesichtsausdrücke aus.
- Nach einiger Zeit **tauscht** ihr die **Rollen**.

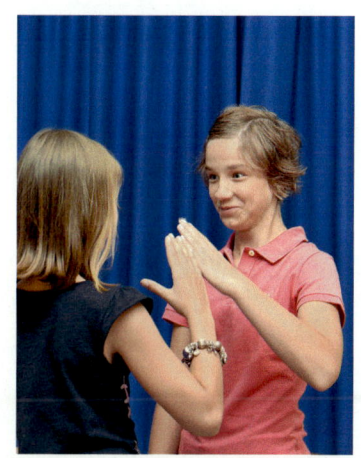

Gedichte über Schmetterlinge

Über Schmetterlinge wurden viele Gedichte geschrieben.

 1 Lies die Gedichte.

Der Schmetterling

1 Einen Schmetterling
2 – so zierlich schön –
3 habe ich heute
4 in unserem Garten gesehen.

5 Er flatterte
6 auf und ab
7 und brachte alles
8 um sich herum auf Trab.

9 Ich wollte ihn fangen,
10 doch nein – er war so klein,
11 und seine bunten Flügel
12 waren wie Sonnenschein.

13 Da flatterte er daher,
14 ganz leicht im Wind,
15 und die Zeit flog mit ihm fort,
16 so ganz geschwind.

17 Irgendwann – da hob er ab,
18 als ob er an einer Wolke hing,
19 und ich rief ihm noch hinterher:
20 „Auf Wiedersehen,
21 mein Schmetterling!"

Schmetterling – Flatterding

1 Schmetterling – Flatterding,
2 flattert still – wie er will,
3 fliegt ganz hoch – höher noch,
4 schwebt im Kreis – keiner weiß.

5 Fliegt er weg – ins Versteck?
6 Bleibt er da – mir ganz nah?
7 Dreht er sich – sieht er mich?
8 Kommt er bald – macht er halt?

9 Schmetterling – Flatterding!
10 Jetzt, hurra – bleibt er da,
11 setzt sich her – freut mich sehr,
12 schüttelt sich – kitzelt mich,
13 bleibt dann still – wie ich will.
14 Schmetterling – schönes Ding.

W **2** Wähle aus, mit welchem Gedicht du arbeiten möchtest:
- mit dem Gedicht **Der Schmetterling**
- oder mit dem Gedicht **Schmetterling – Flatterding**

W **3** Wähle eine der folgenden Aufgaben aus:

Ein Gedichtblatt gestalten

So geht's:
- Schreibe das Gedicht auf ein Blatt Papier.
  Schreibe in deiner schönsten Schrift.
- Zeichne ein passendes Bild dazu.

Einen Gedicht-Schmetterling gestalten

So geht's:
- Zeichne einen großen Schmetterling
  auf ein farbiges Blatt Tonpapier.
- Schreibe das Gedicht auf die Flügel.
- Schneide den Schmetterling aus.

Tipp: Hängt eure Schmetterlinge in der Klasse auf.

Ein Gedicht vorlesen

So geht's:
- Legt eine Folie über das Gedicht.
- Markiert die wichtigsten Wörter.
- Lest euch das Gedicht abwechselnd vor.

〉〉〉 laut, leise, betont …

Tiere, Tiere, Tiere

**Rodolfo und seine Freunde haben Tiere erfunden.
Es gibt noch viel mehr Tiere,
zum Beispiel verschiedene Mäuse.**

die Feldmaus
das Feld + die Maus

die Hausmaus
das Haus + die Maus

die Zwergmaus
der Zwerg + die Maus

 1 Welche verschiedenen Mäuse gibt es?
Schreibe einen Satz in dein Heft.

**Wir können Nomen zusammensetzen.
So können wir Nomen genauer beschreiben.**

> Zusammengesetzte Nomen haben immer
> den Artikel (Begleiter) vom **zweiten** Nomen.

 2 Welche Tiere siehst du auf den Fotos?
Bilde zusammengesetzte Nomen.
Schreibe sie in dein Heft.

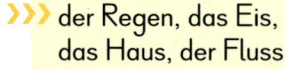 der Regen, das Eis,
das Haus, der Fluss

+ die Katze

+ der Bär

+ das Pferd

+ der Wurm

Hier kannst du noch mehr Tiere sehen.

der Rotfuchs
rot + der Fuchs

die Spitzmaus
spitz + die Maus

der Buntspecht
bunt + der Specht

 3 Welche Tiere siehst du?
Schreibe einen Satz in dein Heft.

**Wir können Adjektive und Nomen zusammensetzen.
So können wir die Nomen genauer beschreiben.
Die zusammengesetzten Nomen werden großgeschrieben.**

 4 Bilde zusammengesetzte Nomen.
Schreibe sie mit Artikel in dein Heft.

braun + der Bär   wild + die Katze

faul + das Tier   gold + der Fisch

Z **5** Welche Tiere gibt es noch?

a. Bildet zusammengesetzte Nomen.
Schreibt sie in euer Heft.
b. Schlagt in einem Lexikon nach,
ob es eure Tiere wirklich gibt.

 6 **a.** Wähle 3 Tiere aus.
b. Schreibe Sätze zu den Tieren in dein Heft.

 Der Braunbär hat ...

Training: Eine Geschichte von Münchhausen spielen

Münchhausen erzählte oft Lügengeschichten.

Die Geschichte von Münchhausen könnt ihr spielen.
Der Textknacker hilft euch, die Geschichte zu verstehen. → Textknacker: Seite 274

📖 Münchhausens Helfer bei einer Wette

1 Einmal bat mich ein Freund in Istanbul[1] um
2 einen Gefallen. Er fragte mich: „Kannst du für mich
3 nach Ägypten gehen und etwas für mich erledigen?"
4 Das wollte ich tun. Ich machte mich sofort auf den Weg.

5 Kurz hinter Istanbul traf ich einen Mann. Er trug zwei
6 schwere Gewichte an den Beinen. Ich fragte neugierig:
7 „Warum tust du das?" Der Mann sagte: „Ich bin vor
8 einer halben Stunde in Wien[2] losgelaufen. Damit ich
9 nicht zu schnell werde, hängen die Gewichte
10 an meinen Beinen." „Das ist gut!", rief ich.
11 „Du kannst mit mir reisen!" Der Mann hieß Achilles.

12 Auf einer Wiese lag ein Mann auf den Knien.
13 Er presste sein Ohr fest auf den Boden. Ich fragte ihn:
14 „Was tust du da?" Der Mann antwortete:
15 „Ich höre das Gras wachsen!" „Das ist gut!", rief ich.
16 „Du kannst mit mir reisen!" Der Mann hieß Pan.

17 Dann trafen wir einen Mann, der Löcher in die Luft
18 schoss. Ich fragte ihn: „Warum tust du das?"
19 Er erklärte: „Auf dem Straßburger Münster[3] saß
20 ein Spatz. Den habe ich gerade mit einem Schuss
21 vertrieben." „Das ist gut!", rief ich.
22 „Du kannst mit mir reisen!" Der Mann hieß Argus.

[1] **Istanbul:** eine Stadt in der Türkei
[2] **Wien:** die Hauptstadt von Österreich
[3] **das Straßburger Münster:** eine Kirche in der französischen Stadt Straßburg

23 Mitten in einem Wald stand ein kräftiger Mann.

24 Mit bloßen Händen riss er Bäume aus der Erde.

25 Ich fragte ihn: „Warum tust du das?" Er erklärte mir:

26 „Ich habe meine Axt vergessen!" „Das ist gut!", rief ich.

27 „Du kannst mit mir reisen!" Der Mann hieß Herkules.

28 Als ich zurück in Istanbul war, lud mich mein Freund

29 zum Essen ein. Er bot mir ein ganz besonderes Brot an.

30 Stolz fragte er: „Nun, wie schmeckt dir das Brot?"

31 Ich antwortete: „Es schmeckt sehr gut. Aber in

32 einer Stunde bekommst du von mir ein besseres Brot!

33 Sollen wir wetten?" Mein Freund lachte:

34 „Die Wette gilt! Wenn du gewinnst,

35 darfst du so viel Gold und Edelsteine

36 aus meiner Schatzkammer nehmen,

37 wie du tragen kannst."

38 Ich rief dem schnellen Achilles zu: „Hol mir in Wien

39 frisches Brot." Als er nicht zurückkam, rief ich Pan.

40 Der presste sein Ohr auf den Boden und sagte:

41 „Ich höre, dass Achilles schläft." Nun rief ich Argus.

42 Er schaute scharf und sagte: „Ich sehe, dass Achilles

43 mit dem Brot im Arm unter einem Apfelbaum schläft."

44 Argus holte sein Gewehr, zielte und schoss. Ein Apfel fiel

45 auf Achilles Kopf und weckte ihn auf. Sofort

46 lief Achilles los und war innerhalb einer Stunde da.

47 Nun hatte ich die Wette gewonnen. Ich rief

48 den starken Herkules. Er ging in die Schatzkammer

49 und füllte seine Taschen mit Gold und Edelsteinen.

50 Alle bekamen etwas ab.

💬 **1** Erzählt die Geschichte mit eigenen Worten.
- Wie heißen die vier Männer, die Münchhausen trifft?
- Welche besonderen Fähigkeiten haben diese Männer?
- Wie helfen die Männer Münchhausen,
  die Wette mit seinem Freund zu gewinnen?

Jeder Absatz in Münchhausens Geschichte ist eine Szene.

 2 Schreibt zu jeder Szene auf, was passiert.

> 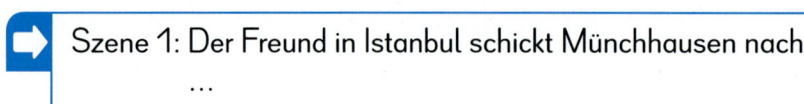 Szene 1: Der Freund in Istanbul schickt Münchhausen nach
> ...

In Szene 1 spricht Münchhausen mit seinem Freund.

 3 a. Lest noch einmal genau Szene 1.   → Zeile 1–4
      b. Was könnten Münchhausen und sein Freund sagen?
      Schreibt das Gespräch auf.

> Freund: Münchhausen, du musst mir einen Gefallen tun!
> Münchhausen: Was ist los? Wie kann ich dir helfen?

 4 Spielt Szene 1 mit dem Gespräch.
   Probiert verschiedene Möglichkeiten aus.
   • **Wie** sprechen Münchhausen und sein Freund?
   • Welche **Körperhaltung** und welcher **Gesichtsausdruck**
     passen zu den Figuren?

Ihr könnt die ganze Geschichte über Münchhausen spielen.
Ein Szenenplan hilft euch bei der Vorbereitung.

 5 Sammelt eure Ergebnisse aus den Aufgaben 3 und 4
   in einem Szenenplan.

	Wer?	Sagt was?	Wie?	Was tut ...? Wie sieht ... aus?
Szene 1	der Freund aus Istanbul Münchhausen	„Münchhausen, du	... ...	... ...

Nun könnt ihr auch die Szenen 2 bis 7 für euer Spiel vorbereiten.

6 a. Teilt euch in sechs Gruppen auf.
b. Jede Gruppe übernimmt eine Szene.

7 a. Lest die Szene eurer Gruppe noch einmal genau durch.
b. Was sagen die Figuren?
Schreibt das Gespräch auf.

8 Übt in der Gruppe, eure Szene zu spielen.
• **Wie** sprechen die Figuren?
• Welche **Körperhaltung** und welcher **Gesichtsausdruck** passen zu den Figuren?

9 Sammelt eure Ergebnisse aus den Aufgaben 7 und 8.
Ergänzt den Szenenplan.

In Szene 8 trifft Münchhausen seinen Freund wieder. → Zeile 47–50

10 Was könnte der Freund sagen?
Was könnte Münchhausen antworten?
Schreibt es im Szenenplan auf.

Nun könnt ihr die ganze Geschichte spielen.

11 a. Legt gemeinsam fest, wer welche Rolle spielt.
b. Jeder bereitet seine Rolle vor.
• Schreibt den Text für eure Rolle auf.
• Lernt euren Text auswendig.

12 Übt das Spiel gemeinsam.

a. Spielt die Geschichte einmal, ohne zu unterbrechen.
Haltet euren Text zunächst in der Hand.
b. Besprecht, was ihr vielleicht noch ändern wollt.

13 Spielt die ganze Geschichte vor. → Eine Szene spielen: Seite 282

Medien: Blicke in die Welt

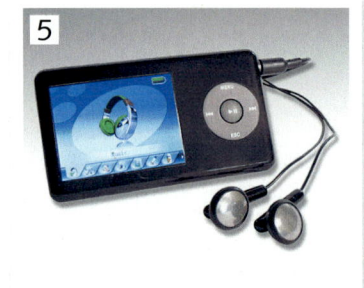

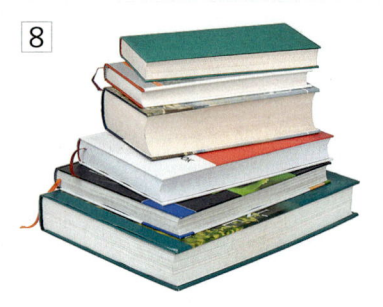

Auf den Fotos seht ihr verschiedene Medien.

 1
- Welche Medien kennt ihr?
- Wozu nutzt ihr welche Medien?
- Welche Medien nutzt ihr, um euch zu unterhalten?
- Welche Medien nutzt ihr, um euch zu informieren?

>>> der Fernseher,
der MP3-Player,
der PC, das Handy,
das Lexikon, das Radio,
die CD, die DVD,
die Zeitung

Ihr könnt euch mit Medien informieren.
In den Nachrichten erfahrt ihr, was in der Welt los ist.

eine Nachrichten-Sprecherin

eine Nachrichten-Sendung
im Fernsehen

 2 Mit welchen Medien könnt ihr Nachrichten hören,
lesen und sehen? Sammelt sie an der Tafel.

3 • Welche Medien nutzt ihr für Nachrichten?

➡ Ich nutze _____, um Nachrichten zu lesen.

• Wie oft nutzt ihr die Medien dafür?
• Warum nutzt ihr für Nachrichten manche Medien
lieber als andere?

4 Welchen Medien vertraut ihr am meisten
bei Nachrichten?

a. Jeder vergibt zwei Klebepunkte.
b. Wertet die Punktabfrage aus.

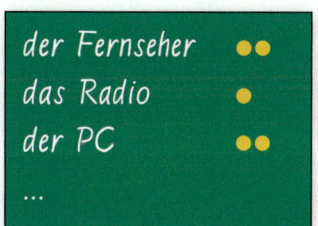

der Fernseher ● ●
das Radio ●
der PC ● ●
...

Im Fernsehen und im Internet gibt es
Nachrichten-Sendungen.

5 Welche Nachrichten-Sendungen kennt ihr?
Sammelt sie an der Tafel.

〉〉〉 für Kinder,
für Jugendliche,
für Erwachsene
...

Nachrichten-Sendungen sehen und verstehen

Nachrichten informieren darüber, was in der Welt passiert.
Das geschieht oft auch durch Bilder.

💬 **1** **a.** Was seht ihr auf den Bildern? Beschreibt.
   b. Worüber informieren euch die Bilder?
       Stellt Vermutungen an.

〉〉〉 Am Strand liegen
mehrere ...
Man kann ... erkennen.
Die Leute ...

👥 **2** Was möchtet ihr genauer wissen?
       Schreibt Fragen zu den Bildern auf.

➡ Wo ist das Unglück passiert?
...

〉〉〉 Wann ...? Wo ...?
Wie viele ...?
Wie groß ...? Wer ...?
Wie ...? Warum ...?

**Nachrichten informieren nicht nur durch Bilder,
sondern auch durch Texte.**

**Der gesprochene Text informiert euch genauer über das,
was ihr auf den Bildern seht.**

3 **a.** Seht euch die Bilder an.
b. Lest die Sprechblasen.

> Wir versuchen schon
> seit Stunden, die Tiere nass zu halten.
> Das ist wichtig, damit
> sie überleben.
>
> A

> Vor der Küste von Neuseeland
> hatten sich gestern mehrere Grindwale
> verirrt und sind gestrandet.
>
> B

> An Land ist es zu trocken und
> zu warm für die Wale. Es geht ihnen
> schlecht und sie können sogar sterben.
> Einige Helfer versuchen,
> die Wale zu retten.
>
> C

4 Welcher Text passt zu welchem Bild?

a. Ordnet zu.
b. Schreibt die Texte in der richtigen Reihenfolge auf.
c. Markiert Wörter, die euch beim Zuordnen geholfen haben.

 Bild 1: …

**Damit wir Nachrichten gut verstehen,
müssen Bild und Text zusammenpassen.**

5 a. Lest die Sprechblase.
 b. Seht euch die Bilder an.
 c. Welches Bild passt zu dem Text?
  Wählt ein Bild aus.

Fast alle Wale konnten gerettet werden. Sie schwimmen wieder im Meer. Die Helfer haben bis zur Flut durchgehalten und die Wale haben dann den Weg zurück ins Meer geschafft.

6 Vergleicht eure Ergebnisse in der Klasse.
 • Welches Bild habt ihr ausgewählt?
 • Welche Wörter im Text haben euch dabei geholfen?
 Begründet.

**Auf den Seiten 122–124 habt ihr die Nachricht
über gestrandete Wale gelesen.**

7 a. Beantwortet die folgenden Fragen.

 • Was für Wale sind es?
 • Wie sehen die Wale aus?
 • Warum sind die Wale an Land in Gefahr?
 • Was machen die Helfer?

 b. Schreibt zu jeder Antwort auf, woher ihr sie habt:
  Bild oder Text?

  Es sind ... (Text)

8 Welche eurer Fragen aus Aufgabe 2 von Seite 122
 könnt ihr jetzt beantworten? Schreibt Antworten auf.

Ein Nachrichten-Beitrag wird meist von einer Sprecherin oder von einem Sprecher angekündigt.

💬 **9** • Was zeigt das Bild auf dem Bildschirm?
• Was sagt die Sprecherin?

Neuseeland:
Wale gestrandet

Guten Abend!
Wie schön, dass ihr dabei seid!
Wir beginnen unsere Sendung
heute auf der anderen Seite
der Erde: in Neuseeland.

**Wie werden Nachrichten gesprochen?
Ihr könnt es zu zweit ausprobieren.**

10 **a.** Lest den Text in der Sprechblase
wie eine Nachrichten-Sprecherin oder
ein Nachrichten-Sprecher.
Achtet auf die passende Betonung.
b. Lest den Text in der Klasse vor.

Training:
Sich im Internet informieren
Eine Suchmaschine nutzen

Ihr möchtet mehr über gestrandete Wale in Neuseeland erfahren. Im Internet könnt ihr Informationen dazu finden. Eine Suchmaschine hilft euch dabei.

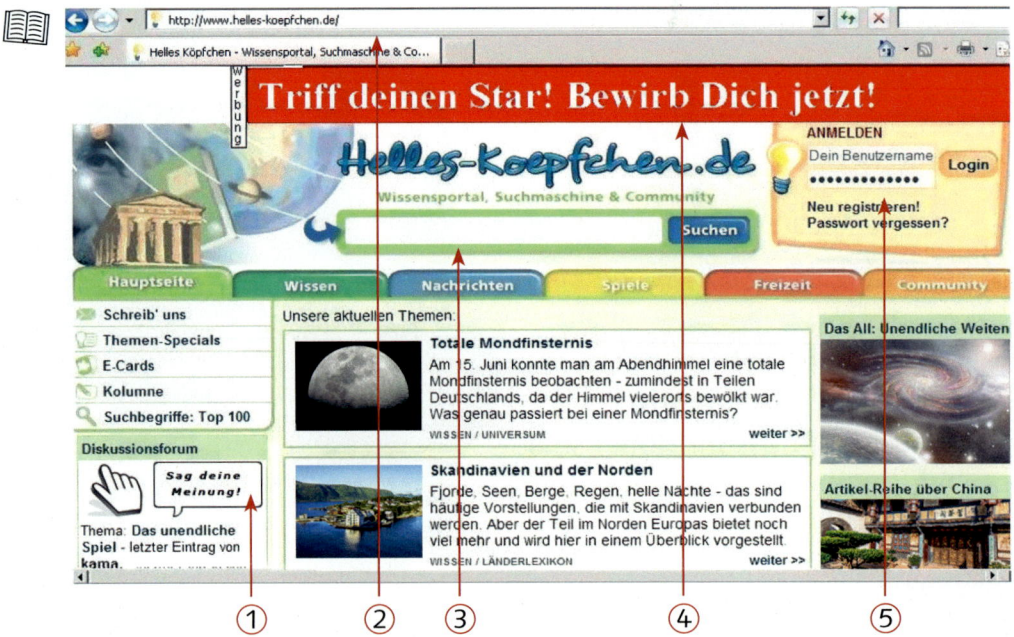

1 **Was** findet ihr **wo** auf der Startseite der Suchmaschine? Schreibt die Zahlen ① bis ⑤ mit den passenden Begriffen auf.

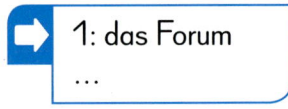

>>> das Adressfeld
das Forum
das Suchfeld
die Werbung
der Zugang (das Log-in)
für Mitglieder

1: das Forum
...

Ina und Oleg geben in das Suchfeld Wale ein.
Die Suchmaschine zeigt dieses Ergebnis:

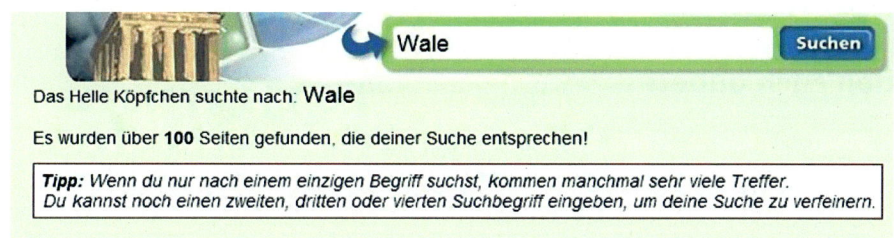

Wale | Suchen

Das Helle Köpfchen suchte nach: **Wale**

Es wurden über **100** Seiten gefunden, die deiner Suche entsprechen!

Tipp: Wenn du nur nach einem einzigen Begriff suchst, kommen manchmal sehr viele Treffer.
Du kannst noch einen zweiten, dritten oder vierten Suchbegriff eingeben, um deine Suche zu verfeinern.

2 **a.** Wie viele Seiten (Treffer) hat die Suchmaschine
gefunden?
b. Welchen Tipp gibt die Suchmaschine?
Erklärt es mit eigenen Worten.

Ina und Oleg möchten ihre Suche verfeinern.
Sie geben in das Suchfeld Wale und Neuseeland ein.
Die Suchmaschine zeigt dieses Ergebnis:

Wale Neuseeland | Suchen

Das Helle Köpfchen suchte nach: **Wale Neuseeland**

Es wurden **18** Seiten gefunden, die deiner Suche entsprechen!

Tipp: Wenn du nach mehreren Wörtern suchst, die in genau dieser Reihenfolge hintereinander
geschrieben sein sollen, dann setze die gesamte Suche in Anführungszeichen.
Zum Beispiel so: "Die wilden Hühner".

3 Wie viele Seiten (Treffer) hat die Suchmaschine
nun gefunden?

Nun kannst du die Suchmaschine ausprobieren:

4 Schreibe in das Suchfeld die Internetadresse
www.helles-koepfchen.de oder www.blinde-kuh.de .

5 **a.** Gib das Suchwort ein.   ⟩⟩⟩ Wale, Neuseeland
b. Klicke auf Suchen .

Informationen gezielt auswählen

Die Suchmaschine hat viele Seiten gefunden. Ihr fragt:
Passiert es häufig, dass Wale in Neuseeland stranden?
Welche Seiten helfen euch dabei?

 1 Lies die Überschriften.

 **Planet Wissen - Audio: Mysteriöse Klänge**
...damit die Wanderungen der *Wale*, spüren Seebeben auf und...3.000 Kilometer östlich von *Neuseeland*. Ein Gebiet, in dem...

 **Drama um gestrandete Wale (auf wasistwas.de)**
Tierschützer haben in Neuseeland 40 gestrandete Grindwale gerettet. 38 weitere Meeressäuger haben die Strandung nicht überlebt.

 **Palkan: Der Wal**
Wale sind keine Fische, sondern Säugetiere. Es gibt 80 verschiedene Arten im Meer: Den Blauwal, den Pottwal, den Schweinswal, den Buckelwal, den Schwertwal und noch viele mehr.

 **Wale stranden bei gefährlichem Wind (19.05.2005) - Nachrichten - GEOlino.de (auf Geolino)**
Wale stranden bei gefährlichem Wind (19.05.2005) -
...Hauptspalte: - *Wale* stranden bei "gefährlichem" Wind (19.05.2005) Seite...

 2 Zwei Seiten helfen euch.

    a. Nennt die Überschriften der Seiten.
    b. Begründet eure Auswahl.

**Ihr habt zwei passende Seiten gefunden. Wenn ihr die Links
zu den beiden Seiten anklickt, öffnen sich diese Internetseiten.**

Wale stranden bei „gefährlichem" Wind

1 Leblos liegen die Wale im Sand. Tierschützer versuchen,

2 die großen Wale mit nassen Tüchern vor der Sonne zu schützen.

3 Verzweifelt zerren die Tierschützer an den Walen, wollen sie

4 zurück ins Meer bringen. Am Abend haben es nur drei der

5 insgesamt 15 an der Küste der australischen Insel Tasmanien

6 gestrandeten Wale geschafft.

Drama um gestrandete Wale

1 Tierschützer haben in Neuseeland 40 gestrandete Grindwale gerettet.

2 38 weitere Wale haben die Strandung nicht überlebt. Immer wieder

3 stranden Wale, manchmal gibt es sogar Massenstrandungen von

4 Tiergruppen. Das passiert häufig an der Ostküste Nordamerikas,

5 in Australien oder Neuseeland. Die größte bekannte

6 Massenstrandung von Walen fand 1918 statt:

7 Auf den Chatham-Inseln[1] starben damals rund 1000 Tiere.

[1] **die Chatham-Inseln:** eine Inselgruppe, die zu Neuseeland gehört

3 a. Welche Wörter fallen dir auf? Schreibe sie in dein Heft.
    b. Welche Wörter geben dir mehr Informationen
       zu den gestrandeten Walen in Neuseeland?
       Markiere sie in deinem Heft.

4 Welche Internetseite beantwortet die Frage:
Passiert es häufig, dass Wale in Neuseeland stranden?
Begründet.

Spannung von Anfang an

Diese zwei Bücher führen euch zu Geheimnissen in der Vergangenheit.

Das Bild auf dem Buchcover[1] verrät euch etwas über das Buch. Der Buchtitel sagt euch etwas über das Thema.

[1] **das Buchcover:** (sprich: Buchkawer) die Vorderseite des Buches mit Buchtitel und Bild

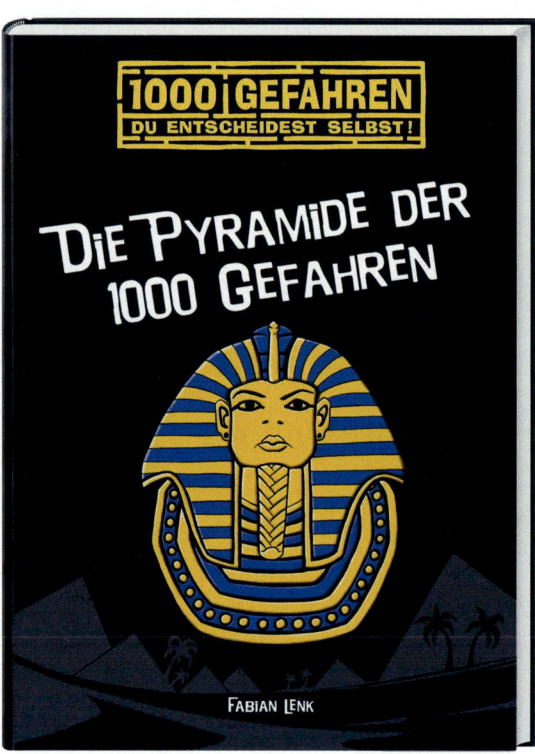

1 a. Seht euch die Bilder auf den Buchcovern an.
   b. Lest die Buchtitel.
   c. Worum könnte es in den Büchern gehen? Vermutet.

Viele Bücher haben auf der Rückseite einen Klappentext[2].

[2] **der Klappentext**: der Text auf der Rückseite des Buches erzählt, worum es in dem Buch geht

 1
Cool! Du darfst an einem Jugendcamp[3] in Ägypten
teilnehmen. Ein geheimnisvoller Ägypter will dich
in den Geheimgang einer Pyramide[4] locken:
Bleibst du bei deiner Gruppe oder
versuchst du dich als Grabräuber und
wirst vielleicht steinreich?

[3] **das Jugendcamp**: das Ferienlager
[4] **die Pyramide**:

 2
Wenn du deiner Urgroßmutter gegenüberstehst –
und sie ist nicht älter als du ...
Wenn du in deiner Stadt bleibst –
aber plötzlich ist sie ganz anders ...
Wenn du nicht an Unerklärliches glaubst –
und es fordert dich dennoch heraus ...
... dann nimm dich in Acht –
denn dann bist du in der ... Karfunkelstadt.

2 **a.** Lest die Klappentexte.
b. Was verraten euch die Klappentexte
über den Inhalt der Bücher? Vermutet.

››› Ich denke, dass ...
Ich glaube, dass ...
Ich vermute, dass ...

3 Ordnet die Klappentexte den Buchtiteln zu.
Begründet eure Zuordnung.

**In diesem Kapitel lest ihr Textausschnitte
aus den beiden Büchern. Dabei erfahrt ihr die Geheimnisse.**

Das Geheimnis des Karfunkelsteins

Im folgenden Jugendbuch-Auszug erfährst du etwas
über das Geheimnis des Karfunkelsteins.
Der Textknacker hilft dir, den Text zu verstehen.

1. Schritt: Vor dem Lesen
Bilder helfen mir, den Text besser zu verstehen.
Die **Überschrift** sagt mir etwas über den Text.

 1 **a.** Sieh dir das Bild an.
b. Lies die Überschrift.
c. Worum könnte es in der Geschichte gehen?
   • Schreibe die Überschrift in dein Heft.
   • Schreibe deine Vermutung auf.

> Ich sehe zwei Jungen und …
> Alle drei …

📖 **Karfunkelstadt:**
Der Turm der tausend Schatten

2. Schritt: Das erste Lesen
Ein Text hat **Absätze**. Was in einem Absatz steht, gehört zusammen.
Die **Schlüsselwörter** im Text sind besonders wichtig.
Einige **Wörter** werden unter dem Text **erklärt**.

 2 **a.** Zähle die Absätze.
b. Lies die hervorgehobenen Schlüsselwörter.
c. Lies die Worterklärungen.
d. Vergleiche mit deiner Vermutung aus Aufgabe 1.

 Karfunkelstadt:
Der Turm der tausend Schatten nach Thomas Endl

Auf dem Schulhof gerieten Adrian, Jo und Henny in einen Streit. Es ging um den magischen Karfunkelstein. Alle drei griffen nach dem Stein.

1 Der Stein leuchtete rot in den Fäusten von Adrian, Jo
2 und Henny. Dann wurde das rote Leuchten schwächer.
3 Schließlich verschwand es ganz. Adrian vermutete,
4 dass dies etwas zu bedeuten hatte. Aber was?
5 Er hatte keine Ahnung. Etwas hatte sich verändert.
6 Adrian ahnte, dass es noch viel mehr war als das,
7 was sie alle sahen.

8 Eigentlich war die Schule ein großer Betonklotz.
9 Und nun war die Schule nicht mehr da! Stattdessen
10 Wiesen und Bäume. Aber die konnte man in der
11 Dunkelheit kaum sehen. Denn auch die Straßenlampe
12 war weg. Und die Straße: verschwunden!

13 Es gab nur noch den Turm. Und der war plötzlich intakt[1]
14 und bewohnt. Das erkannte man an dem Licht hinter
15 den Fenstern. Adrian aber hatte ihn bis eben nur als
16 Ruine[2] ohne Dach gekannt. Und seit er denken konnte,
17 war der Zugang mit Brettern vernagelt gewesen. [...]

[1] **intakt**: ganz, ohne einen Schaden
[2] **die Ruine**: ein Gebäude, das zerfallen ist

Jo und Henny gingen zur Apotheke.
Die Apotheke gehörte seit 200 Jahren Hennys Familie.

18 In der Apotheke war es dunkel. Doch in dem Fenster
19 daneben flackerte Licht. Die Vorhänge waren offen.
20 Vorsichtig schauten Jo und Henny durch das Fenster.
21 Das Licht kam von einer Petroleumlampe³. Auf einem
22 Schreibtisch lagen Kladden⁴ und ein Aktenordner.
23 Ein zweiter Aktenordner war auf den Schoß
24 einer Frau gerutscht. Die Frau hing wie tot im Sessel.
25 Ihr hochgestecktes Haar saß nicht sehr perfekt.
26 Ihr Rüschenkleid war zerknautscht.
27 „Sie sieht Oma Mirbeth ähnlich", flüsterte Henny. […]

28 Ein Mädchen in einem weißen Nachthemd trat zu
29 der Frau. Das Gesicht des Mädchens war hinter
30 den langen blonden Haaren nicht zu erkennen.
31 „Mama", rief das Mädchen und fasste die Frau sanft an.
32 „Die Lampe ist noch an und du schläfst." Es klang
33 besorgt, nicht vorwurfsvoll. „Oh Gott, Oda",
34 antwortete die Mutter verschlafen. „Du hast recht.
35 Das ganze Haus könnte abbrennen. Ach, und
36 die Vorhänge habe ich auch nicht zugezogen.
37 Bist du so lieb?"

38 Das Mädchen nahm behutsam⁵ die Lampe. Dann
39 drehte es sich zum Fenster und sah nach draußen.
40 Erstaunen erschien auf dem Gesicht.
41 Dann Ungläubigkeit. Mit großen Augen starrte
42 das Mädchen Henny an. Und Jo stand da und sah von
43 dem Mädchen zu Henny und wieder zu dem Mädchen.
44 Egal, wohin er blickte, er schien immer nur in Hennys
45 leichenblasses Gesicht zu sehen.

³ **die Petroleumlampe:** eine Lampe, deren Licht durch das Verbrennen
   von Petroleum entsteht
⁴ **die Kladden:** die Notizbücher
⁵ **behutsam:** vorsichtig

3. Schritt: Den Text genau lesen
Erst **der ganze Text** sagt mir, worum es geht.

3 **a.** Lest Absatz 1.
b. Wer sind die Hauptpersonen?

4 Adrian, Henny und Jo sind plötzlich in der Vergangenheit.

a. Lest die Absätze auf Seite 133.
b. Wie sieht die Stadt plötzlich in der Vergangenheit aus?
Wie sah die Stadt vorher in der Gegenwart aus?

➡ Die Stadt	in der Vergangenheit	in der Gegenwart
die Schule	nicht mehr da, stattdessen …	ein großer Betonklotz
die Straßenlampe	…	…
die Straße	…	…
der Turm	…	eine Ruine …

5 Henny und Jo sehen,
was früher in Hennys Familie geschah.

a. Lest die Absätze auf Seite 134.
b. Wer könnten die Frau und das Mädchen sein?
Begründet eure Antworten.

》》 die Petroleumlampe
das hochgesteckte Haar
das Rüschenkleid

》》 Hennys Mutter?
Ihre Großmutter?
Ihre Urgroßmutter?

Du kannst das Buch in der Klasse vorstellen.

4. Schritt: Nach dem Lesen
Ich habe den ganzen Text gelesen.

6 Bereite die Buchvorstellung vor.

a. Schreibe die wichtigen Informationen auf Karteikarten.
Verwende deine Ergebnisse aus den Aufgaben 2 bis 5.
b. Schreibe auf, was dir an dem Buch gefällt.
c. Lies einen Buchausschnitt vor.

》》 der Titel, der Autor,
die Hauptpersonen,
Ort und Zeit, der Inhalt

7 Stelle das Buch in der Klasse vor.

➜ Ein Buch vorstellen:
Seite 273

Entscheide selbst: Die Pyramide

Diese Geschichte führt dich nach Ägypten.
Du darfst an einem Jugendcamp teilnehmen –
und alles wird ganz anders als erwartet.

1 Lies die Textausschnitte.
Wende die Schritte vom Textknacker an.

→ Textknacker: Seite 274

1. Schritt: Vor dem Lesen

2. Schritt: Das erste Lesen

3. Schritt: Den Text genau lesen

 **1.** die Bilder
die Überschrift
2. die Absätze
die Schlüsselwörter
3. der ganze Text

📖 **Die Pyramide der 1000 Gefahren** nach Fabian Lenk

1 Nach zwei Stunden allein im Camp wird es
2 dir zu langweilig. Du läufst zur Pyramide.
3 Gemeinsam mit einer Besuchergruppe machst
4 du eine Führung […]
5 Langsam steigt die Gruppe eine Treppe hinauf.
6 Euer Ziel ist das Pharaonen-Grab. Du gehst als Letzter.
7 Kurz vor der Königskammer zweigt ein Schacht¹ ab.
8 „Das ist nur ein Belüftungsschacht", sagt euer Führer
9 und geht weiter. Du wirfst einen Blick in den Schacht.
10 Hast du da nicht eine Stimme gehört?
11 Die Gruppe entfernt sich. Wieder hörst du
12 einen leisen Ruf in einer fremden Sprache.

¹ **der Schacht:** ein Teil einer Höhle

W 📖 **2** Was wirst du tun? Wähle aus:
- Wenn du dem **Ruf** folgst, liest du 2 weitere Absätze.
  Lies zunächst weiter auf → Seite 137. → Zeile 13–22
- Wenn du zum **Pharaonen-Grab** gehst, liest du
  1 weiteren Absatz. Lies weiter auf → Seite 137. → Zeile 23–35

Du folgst dem Ruf.

13 Schon bist du in dem Schacht. Die Rufe kannst

14 du nicht mehr hören. Du knipst deine kleine

15 Taschenlampe an und gehst ein paar Meter vorsichtig

16 weiter. Dann stößt du auf eine Tür mit seltsamen

17 Zeichen. Du siehst genauer hin und erkennst

18 den hundeköpfigen Gott Anubis und daneben

19 ein Bild vom Gott Osiris mit dem Vogelkopf.

20 Plötzlich beginnst du zu frösteln. Anubis und

21 Osiris sind die Götter der Toten. Vorsichtig öffnest

22 du die Tür. Eine Treppe führt hinab ins Dunkel.

W 📖 **3** Was wirst du tun? Wähle aus:
- Wenn du die Treppe hinuntergehst,
  lies weiter auf ➜ Seite 138.   ➜ Zeile 36–46
- Wenn du lieber umdrehst, lies weiter auf ➜ Seite 138.   ➜ Zeile 47–59

Du gehst zum Pharaonen-Grab.

23 Du stehst mit der Besuchergruppe vor einem Sarkophag².

24 Du bist enttäuscht: Der Sarkophag ist leer.

25 Der Führer sagt: „Forscher fanden dieses Grab im

26 17. Jahrhundert. Auch sie waren sicher enttäuscht.

27 Grabräuber haben alles mitgenommen – sogar

28 die Mumie!" Du willst dem Führer folgen. Da fragt

29 dich ein anderer Tourist, ob du ein Foto von ihm

30 machen könntest. „Das ist verboten", antwortest du.

31 „Ach bitte", bettelt der Mann. [...]

32 Du machst das Foto und das Blitzlicht flammt auf.

33 Schon stürzt euer Führer heran. Er wird unheimlich

34 wütend und zerrt euch aus der Pyramide.

35 Du musst ein hohes Bußgeld³ zahlen.

² **ein Sarkophag**: ein großer Sarg
³ **ein hohes Bußgeld**: eine hohe Geldstrafe

  4 Arbeite weiter auf Seite 139.

Du gehst die Treppe hinunter.

36 Die Stufen sind steil und rutschig. Aber die Neugier
37 treibt dich weiter. Dann gelangst du in einen Saal,
38 der von Fackeln[4] erhellt wird. Du bekommst
39 große Angst: Wer hat die Fackeln entzündet?
40 Wer oder was lebt hier unten?
41 Du hörst ein Geräusch und zuckst zusammen.
42 Dein Blick fällt auf ein schwarzes Tor. Rechts und
43 links davon wachen zwei große Figuren aus Holz.
44 Die Figuren haben menschliche Körper,
45 aber die Köpfe von schwarzen Hunden.
46 Was geht hier vor? Die eine Figur bewegt sich!

[4] **die Fackel:** ein Stab, der oben eine Flamme hat

 5 Arbeite weiter auf Seite 139.

Du drehst lieber um.

47 Schnell gehst du zurück. Aber was ist das?
48 Der Schacht nimmt kein Ende! Eigentlich hättest
49 du längst wieder die Besuchergruppe treffen
50 müssen! Du bekommst Angst und beschleunigst
51 deine Schritte. Dann stehst du vor einer Wand.
52 Eine Sackgasse[5]! [...]
53 Du bist in einem Labyrinth[6] gefangen!
54 Stundenlang irrst du umher, ohne einen Ausweg
55 zu finden. Die Batterie deiner Taschenlampe wird
56 immer schwächer. Irgendwann erreichst du eine Halle.
57 Ganz oben an der Decke schimmert Licht.
58 Ist das etwa Tageslicht? Aber wie kannst du
59 dort hinkommen? [...]

[5] **die Sackgasse:** ein Weg ohne Ausgang
[6] **das Labyrinth:** eine Anlage mit vielen verschlungenen Wegen,
in der man sich verlaufen kann

 6 Arbeite weiter auf Seite 139.

Du kannst die Geschichte über die Pyramide selbst weitererzählen. Hinter 3 Absätzen auf den Seiten 137–138 findest du eine Pyramide, zu der eine Aufgabe von dieser Seite passt.

 4. Schritt: Nach dem Lesen

 7 Wähle aus,
welche Pyramiden-Aufgabe du bearbeiten wirst.

1 **„Du musst ein hohes Bußgeld zahlen."** → Zeile 35

Du hast kein Geld mehr.
Wie geht deine Geschichte zu Ende? Erzähle.

2 **„Die Figuren leben!"** → Zeile 46

Anubis ist einer der Götter der Toten.

a. Zeichne die Figur ab und schreibe ihren Namen dazu.
b. Beschreibe Anubis.

3 **„Ist das etwa Tageslicht?** → Zeile 58–59
Aber wie kannst du dort hinkommen?"

Überlege dir eine Möglichkeit.
Erzähle deinen Aufstieg.

Wenn du möchtest, kannst du noch eine weitere Pyramiden-Aufgabe bearbeiten.

Das Geheimnis des grauen Klassenzimmers

Tommy und Ben sind in ihrer neuen Schule. Eines Tages entdecken sie einen Aufzug mit einem Geheimnis.

1 Lies den Text. Wende die Schritte vom Textknacker an. → Textknacker: Seite 274

📖 Die Geisterschule · nach R. L. Stine

1 Ben und ich schnappten nach Luft, als das Licht
2 anging. Es war dämmrig und grau. Ich wartete darauf,
3 dass das Licht heller würde. Doch das geschah nicht.
4 Ich schaute mich um. Ich war in einem Zimmer!
5 In einem grauen Klassenzimmer. Ich schaute von
6 der schwarzen Wandtafel zu einem kohlefarbenen
7 Lehrerpult[1]. Zu den grauen Schülerbänken.
8 Den hellgrau gefliesten Wänden. Und hinunter zu
9 dem schwarz-weiß gemusterten Klassenzimmer-Boden.
10 „Das ist unheimlich", murmelte Ben. „Meine Augen …"

11 „Es liegt nicht an deinen Augen", versicherte ich ihm.
12 „Das Licht hier lässt alles grau und schwarz aussehen."
13 Wir blinzelten in das trübe Licht. Langsam schoben
14 wir uns zur Tür des Klassenzimmers. „Lass uns
15 verschwinden", sagte ich. „Bevor das Licht ausgeht."

16 Wir hatten die Tür fast erreicht, da hörte ich
17 jemanden husten. Und dann ertönte eine Stimme:
18 „He …!" Ein Mädchen trat hinter einem Bücherschrank
19 hervor. Sie starrte uns an. Sie sah irgendwie
20 niedlich aus. Ihr schwarzes Haar war kurz geschnitten.
21 Sie trug einen Pullover mit V-Ausschnitt, einen langen
22 Faltenrock und schwarz-weiße Halbschuhe.

[1] **das kohlefarbene Lehrerpult:** der schwarze Lehrertisch

23 Ich wollte Hallo sagen, doch dann sah ich ihre Haut.

24 Ich brachte keinen Ton mehr heraus. Die Haut

25 des Mädchens war so grau wie ihr Pullover.

26 Und ihre Augen und Lippen waren ebenfalls grau.

27 Sie war wie der Raum. Sie war ebenfalls schwarz-weiß!

28 Ben und ich sahen uns entgeistert[2] an. Dann sah

29 ich wieder zu dem Mädchen hin. Sie drückte sich an

30 den Schrank und beäugte[3] mich und Ben misstrauisch.

[2] **entgeistert**: entsetzt, erstarrt
[3] **jemanden beäugen**: jemanden genau ansehen

In diesem Textausschnitt spielen Farben eine große Rolle.

 2 Welche Farben haben das Licht, das Klassenzimmer,
die Wandtafel, das Lehrerpult, die Schülerbänke,
der Klassenzimmer-Boden? Schreibe die Farben auf.

> ➡ das Licht: grau
> das Klassenzimmer:

 3 Tommy und Ben treffen auf ein Mädchen.
Wie sieht das Mädchen aus? Beschreibe.

➡ Eine Person beschreiben: Seite 279

Das Mädchen Das Haar Die Haut	ist	alt. jung. schwarz. braun. grau. blond. blau. rot.	
Die Augen	sind		
Das Mädchen Es	trägt	einen schwarzen einen grauen schwarz-weiße	Pullover. Rock. Halbschuhe.
	wirkt	traurig. fröhlich.	

 4 Warum hat das Mädchen diese Farben?
Was ist wohl in der Vergangenheit geschehen? Vermutet.

Training:
Spannende Geschichten schreiben

Der kleine Nick ging in Herrn Campanis Lebensmittelladen einkaufen. Hier erzählt uns der kleine Nick, was er erlebt hat.

1 Lies die Geschichte.
Wende die Schritte vom Textknacker an.

→ Textknacker: Seite 274

 Bonbon nach René Goscinny

1 „Sieh mal, mein Freund Nick!", hat Herr Campani gesagt.
2 „Ich kann dir was Tolles schenken!" Dann hat sich
3 Herr Campani hinter den Ladentisch gebückt und
4 ein Kätzchen hervorgeholt. Es schlief.
5 Sein Name war Bonbon. […]
6 Ich habe mich so gefreut! Ich habe Bonbon in die Hände
7 genommen und bin sofort nach Hause gerannt. […]

8 Zu Hause habe ich gerufen: „Mama! Mama!
9 Schau mal, was mir Herr Campani geschenkt hat!"
10 Mama hat Bonbon gesehen und gesagt: „Das ist ja
11 eine Katze. Nick, du weißt, dass ich keine Tiere
12 im Haus haben will. Du bringst die Katze sofort zurück!"
13 „Oh nein, Mama!", habe ich geschrien. „Ich will Bonbon
14 behalten. Nie darf ich zu Hause mal was durchsetzen.
15 Aber meine Freunde dürfen alles, was ich nicht darf."

16 „Na gut", hat Mama gesagt.
17 „Wenn deine Freunde alles dürfen,
18 dann kannst du ja einem von ihnen das Kätzchen geben."
19 Ich habe gemerkt, da war nichts zu machen.
20 Ich bin mit Bonbon rausgegangen und habe mich gefragt,
21 welchen Freund ich fragen kann, ob er Bonbon behält.

22 Da bin ich zu Otto gegangen. Der ist ein guter Kumpel

23 von mir. Otto muss dauernd essen.

24 Otto ist an die Tür gekommen und hatte eine Serviette

25 um den Hals. „Wir sind gerade beim Kaffee." […]

26 „Was willst du denn?" Ich habe ihm Bonbon gezeigt.

27 „Du kannst Bonbon haben, er trinkt Milch,

28 und ich komme ihn oft besuchen", habe ich gesagt.

29 „Ein Kater?", hat Otto geantwortet. „Nee, das gibt

30 Theater¹ mit meinen Eltern. Außerdem gehen Katzen

31 heimlich in die Küche und fressen eine Menge Sachen.

32 Tschüss." Und Otto hat die Tür zugemacht.

¹ **Es gibt Theater:** Das bedeutet hier: Es gibt Ärger.

 2 a. Lies noch einmal Absatz 1. → Zeile 1–7

   b. • Wer ist die Hauptperson?
   • Was schenkte Herr Campani Nick?

 Die Hauptperson heißt …
Herr Campani schenkte …

 3 a. Lies noch einmal die Absätze 2 und 3. → Zeile 8–21

   b. • Was wünschte sich Nick?
   • Was möchte Nicks Mutter nicht?
   • Was sollte Nick tun?

 Nick wünschte sich, dass …
Die Mutter möchte nicht, dass …
Nick sollte die Katze …

 4 a. Lies noch einmal Absatz 4. → Zeile 22–32

   b. • Warum ging Nick zu Otto?
   • Wie reagierte Otto auf die Frage von Nick?

 Nick ging zu Otto, weil …
Otto wollte Bonbon nicht behalten, weil …

Die Geschichte weiterschreiben

Du kannst die Geschichte über Bonbon weiterschreiben.
Stelle dir vor, du bist Nick. Du suchst ein Zuhause für Bonbon.

 1. Schritt: Vor dem Schreiben
Ich **überlege**.
- **Für wen** will ich schreiben?
- **Was** will ich schreiben?

 1 **Für wen** willst du schreiben? Schreibe auf.

W **2** **Was** willst du schreiben?
Sammle Ideen. Wähle aus:
- Verwende die vorgegebenen Stichworte und Sätze.
- Oder schreibe eigene Stichworte und Sätze auf.

1 **Zu wem** bist du nach deinem Besuch bei Otto gegangen?

zu meiner Freundin	zu meinem Freund

2 **Warum** hast du diese Person ausgewählt?

ist hilfsbereit	mag Tiere	hat ein großes Zimmer

3 **Was passierte**, nachdem du geklingelt hast?

Meine Freundin öffnete die Tür und sie sagte: „Hallo!"

Mein Freund öffnete die Tür und er sagte: „Hallo!"

Ich sagte: „Hallo! Das ist Bonbon. Möchtest du ihn behalten? Ich komme euch ganz oft besuchen."

Ich sagte: „Hallo! Das ist Bonbon. Ich darf ihn nicht behalten. Kann Bonbon bei dir leben? Ich komme euch ganz oft besuchen."

4 **Wie reagierte** die Person auf deine Frage?

> Mein Freund antwortete:
> „Super, ich wollte schon immer eine Katze."

> Meine Freundin antwortete:
> „Ich glaube, das ist kein Problem."

2. Schritt: Beim Schreiben
Nun **schreibe** ich.
Ich kann **Hilfen benutzen**,
zum Beispiel ein Wörterbuch.

 3 Schreibe nun die Geschichte weiter.
Verwende deine Stichworte und Sätze aus Aufgabe 2.

 Die Geschichte über Bonbon
Nach meinem Besuch bei Oskar ging ich …
… ist sehr …
Ich klingelte …

3. Schritt: Nach dem Schreiben
Ich **prüfe**.
- Kann ich meine Wörter oder
  meine Sätze lesen und verstehen?
- Kann ein anderer aus der Klasse
  meine Wörter lesen und verstehen?
Ich **überarbeite**.

 4 a. Kannst du deine Geschichte lesen und verstehen?
b. Kann ein anderer aus der Klasse deine Geschichte
  lesen und verstehen?
c. Überarbeite deine Geschichte.

Sagenhafte Orte

Eine Sage aus Deutschland

Das Bild zeigt den Inhalt einer Sage.
Zwei Schüler sprechen darüber.

> Warum sind da sieben Riesen auf dem Bild?

> Die Riesen haben etwas damit zu tun, wie das Siebengebirge entstanden ist. Davon erzählt uns die Sage.

> Ich sehe sieben Berge.

> Sagen heißen so, weil sie mündlich immer weitergesagt wurden.

> Und wo hast du diese alte Geschichte gelesen?

> Irgendwann wurden Sagen aufgeschrieben.

Die Schüler sprechen auch darüber, was Sagen sind.

1 Was sind Sagen?

    a. Seht euch das Bild an.
    b. Lest die Sprechblasen.

2 Beantwortet die folgenden Fragen.
    • Wovon erzählt die Sage vom Siebengebirge?
    • Wer spielt darin eine wichtige Rolle?

3 Warum heißen solche Geschichten Sagen?
Erklärt.

> **Merkmal:**
> Manche Orte in Sagen gibt es wirklich.

> **Merkmal:**
> Sagen wurden mündlich weitererzählt.

Hier steht die Sage vom Siebengebirge.

4 Lies die Sage. Wende die Schritte vom Textknacker an. → Textknacker: Seite 274

 ## Wie das Siebengebirge entstand

1 In uralten Zeiten staute sich der Rhein
2 hinter einem hohen Berg zu einem großen See.
3 Jedes Jahr überflutete der See seine Ufer.
4 Dabei zerstörte er Häuser, Straßen und Felder.

5 Lange überlegten die Menschen, was sie dagegen
6 tun könnten. Endlich baten sie sieben Riesen um Hilfe.
7 Die Riesen sollten eine Öffnung in den Berg graben,
8 damit das Wasser aus dem See ablaufen konnte.

9 Die sieben Riesen kamen und jeder brachte eine riesige
10 Schaufel mit. Sie schaufelten eine riesige Öffnung in
11 den Berg. Nun konnte das Wasser jederzeit abfließen.
12 Die Menschen waren glücklich und dankten den Riesen.

13 Die Riesen wollten nicht mit schmutzigen Schaufeln
14 nach Hause gehen. Deshalb klopften sie mit ihren
15 Schaufeln auf den Boden. Die Erde fiel Klumpen[1]
16 für Klumpen herab. Bald wuchsen daraus sieben
17 große Berge. So ist das Siebengebirge entstanden.

[1] **der Klumpen:** der Erdhaufen

 5 • Was könnte wahr sein?
• Was ist erfunden?

> **Merkmal:**
> Manches ist wahr,
> manches ist erfunden.

Du hast die Sage gelesen.

 6 Wovon handelt die Sage vom Siebengebirge?
Mache dir zu jedem Absatz Stichworte.

→ Stichworte aufschreiben: Seite 277

7 Erzähle die Sage deiner Partnerin / deinem Partner.
Verwende deine Stichworte aus Aufgabe 6.

Eine Sage aus Litauen

Diese Sage erzählt, wie die Stadt Vilnius entstanden sein soll.

1 Lies die Sage. Achtung: Die Absätze sind durcheinander. Wende die Schritte vom Textknacker an.

→ Textknacker: Seite 274

📖 Der eiserne Wolf

N
1 Vor sehr langer Zeit waren der Großfürst[1] Gediminas
2 und seine Freunde in den Wäldern am Zusammenfluss
3 von Neris und Vilnia auf der Jagd.

S
4 Daraufhin baute Gediminas am Zusammenfluss
5 von Vilnia und Neris die Stadt Vilnius,
6 die dann die Hauptstadt des Landes wurde.

I
7 Am nächsten Morgen bat Gediminas den ältesten Weisen,
8 diesen merkwürdigen Traum zu deuten.
9 Der Weise erklärte: „Du sollst auf dem Hügel eine Stadt
10 und eine Festung[2] bauen. Es soll die Hauptstadt
11 Litauens[3] und die Residenz[4] des Herrschers sein.
12 Diese Festung soll so hart und so stark sein
13 wie das Eisen des Wolfes. Der Ruhm der Stadt soll
14 in die ganze Welt schallen."

R
15 Im Schlaf hatte der Großfürst einen seltsamen Traum:
16 Er spazierte entlang der Vilnia, als er plötzlich
17 auf einem Hügel einen riesigen Wolf erblickte.
18 Der Großfürst schoss einen Pfeil ab, aber der Pfeil
19 prallte an dem eisernen Fell des Wolfes ab.

E
20 Es war Winter. Es wurde zu dieser Jahreszeit schon früh
21 dunkel. Die Männer beschlossen, nicht mehr nach Hause
22 in ihre Burg zurückzukehren. Deshalb errichteten sie
23 für die Nacht ein Lager am Ufer der Vilnia.

[1] **der Großfürst:** der Titel für den Herrscher Litauens
[2] **die Festung:** die Burg, dient der Verteidigung
[3] **Litauen:** ein Staat in Nordeuropa
[4] **die Residenz:** der Regierungssitz eines Herrschers

Damit ihr den Inhalt der Sage besser versteht, müsst ihr die Absätze in die richtige Reihenfolge bringen.

2 Ordnet die Absätze in der richtigen Reihenfolge.
Tipp: Die orangenen Wörter und Wortgruppen helfen euch.

3 a. Lest die Sage in der richtigen Reihenfolge.
b. Welches Lösungswort ergeben die Buchstaben vor den Absätzen?

In Sagen ist manches wahr, manches ist erfunden.

4 Gibt es die Stadt **Vilnius** wirklich? Schlagt im Atlas nach.

> **Merkmal:**
> Manche Orte in Sagen gibt es wirklich.

5 Lebte einmal ein **Großfürst** mit dem Namen **Gediminas**?

a. Seht euch die Fotos an.
b. Lest den Lexikonartikel.
c. Schreibt Stichworte auf.

> **Merkmal:**
> Manche Personen gab es wirklich.

1 **Gediminas war ein Großfürst in Litauen. Er lebte**
2 **von 1275 bis 1341. Gediminas ließ am Zusammenfluss**
3 **von Neris und Vilnia eine große Festung bauen.**

4 **Unter der Regierung von Gediminas wurde Vilnius**
5 **Hauptstadt des Landes. Er holte Wissenschaftler und**
6 **Kaufleute nach Vilnius. Dort durfte jeder**
7 **seine Religion ausüben. Deshalb zogen viele Menschen**
8 **mit unterschiedlichem Glauben in die Stadt. Vilnius wuchs**
9 **und es entstanden viele prachtvolle Gebäude.**

6 Was ist wahr an der Sage über die Stadt **Vilnius**?
Findet es heraus. Schreibt die passenden Textstellen auf.

⊠ Eine Sage aus Irland

Vor der Küste Nordirlands liegen sechseckige Säulen wie eine Straße entlang der Klippen[1] und enden im Meer. Sie sehen wie kaputte Brückenpfeiler aus.

👥 **1** Lest euch die Sage vor. Wechselt nach jedem Absatz.

📖 Der Damm des Riesen

1 Der Riese Finn MacCool soll an der Küste Nordirlands
2 gelebt haben. Er verliebte sich in die schottische Riesin
3 Oonagh. Sie lebte auf der gegenüberliegenden Insel
4 Staffa. Das raue Meer war ein gewaltiges Hindernis.
5 So beschloss Finn, einen Damm[2] in das Meer zu bauen.
6 Säule für Säule rammte er die schweren Steine
7 in den Boden. Es entstand daraus ein Damm.

8 Der Damm brachte Finn auf die Insel Staffa.
9 So konnte Finn seine Oonagh nach Hause bringen.

10 Auch der schottische Riese Benandonner hatte sich
11 in Oonagh verliebt. Er folgte den beiden. Als Finn
12 Benandonner kommen sah, floh er schnell nach Hause.

13 Oonagh hatte eine Idee: Sie verkleidete Finn als Baby.
14 Dann lud sie Benandonner ein. Stolz zeigte sie ihm
15 das Riesenbaby. Benandonner erschrak:
16 Wenn das Baby so groß ist, wie groß ist wohl der Vater?
17 Dann rannte er schnell aus dem Haus.
18 Er riss den Damm hinter sich ein, damit der Riese
19 Finn nicht folgen konnte.
20 Die Überreste des Dammes sind bis heute zu sehen.

[1] **die Klippen:** aus dem Meer ragende Felsen
[2] **der Damm:** ein Wall, der etwas miteinander verbindet

👥💬 **2** Warum sehen die Felsen wie kaputte Brückenpfeiler aus? Erklärt.

☑ Merkmale von Sagen

Du hast in diesem Kapitel verschiedene Sagen kennen gelernt. Es sind Ortssagen.

3 Welche Sage gefällt dir am besten?
Finde deine Lieblingssage auf den Seiten 148 bis 154.

4 Stelle deine Lieblingssage vor. Schreibe Stichworte auf.   → Stichworte aufschreiben: Seite 277

> _Titel: Wie das Siebengebirge entstand_
>
> _davon erzählt die Sage:_
> _− Rhein staute sich hinter einem großen Berg_
> _− überflutete seine Ufer und zerstörte Häuser,_
> _−_

Sagen haben vier besondere Merkmale.

1 Sagen wurden immer mündlich weitergesagt. Irgendwann wurden sie aufgeschrieben.

2 Viele Sagen erzählen davon, wie Orte entstanden sein sollen.

3 Sagen spielen vor langer Zeit.

4 Manches in der Sage gibt es wirklich, manches ist erfunden.

5 Schreibe die Merkmale auf ein Blatt.
Tipp: Gestalte das Blatt sagenhaft.

6 Überprüfe, ob deine Lieblingssage die Merkmale 2−4 hat.
Schreibe die passenden Angaben auf.

> ➡ zu Merkmal 2
> Meine Sage erzählt, wie … entstanden ist.

Training: **Eine Sage lesen**

Warum wird eine Stadt an einem bestimmten Ort gebaut?
In dieser Sage half der Zufall, den Ort zu finden.

1 Lies die Sage. Wende die Schritte vom Textknacker an.   → Textknacker: Seite 274

📖 Wie Karlovy Vary[1]/Karlsbad gegründet wurde

1 Vor langer Zeit ging der mächtige Herrscher Karl der IV.[2]

2 mit seinem Gefolge im Wald auf die Jagd.

3 Nach einiger Zeit folgten die Jagdhunde

4 mit lautem Gebell einem großen Hirsch.

5 Karl und seine Männer folgten ihm.

6 Da hörten sie aus dem Wald ein Jaulen.

7 Karl erkannte die Stimme seines Lieblingshundes.

8 Karl folgte der Richtung. Plötzlich stand er

9 vor einer Quelle. Von der Quelle stieg dichter,

10 heißer Wasserdampf empor. Karl war erschrocken:

11 Sein Hund war ins Wasser gefallen und hatte sich

12 im heißen Wasser verbrüht.

13 Der Leibarzt des Herrschers untersuchte das Wasser.

14 Es war Heilwasser. Karl war nicht gesund.

15 Deshalb empfahl der Arzt ihm,

16 von dem heilenden Wasser zu trinken und darin

17 zu baden. Karl wurde dadurch ganz gesund.

18 Aus Dankbarkeit beschloss Karl,

19 an der Quelle eine Stadt zu bauen.

20 Der Stadt gab er seinen Namen: Karlovy Vary.

21 Heute ist Karlovy Vary ein berühmtes Heilbad.

22 Jedes Jahr fahren viele Menschen dahin.

[1] **Vary, tschechisch:** (Warm-) Bad
[2] **Karl der IV.:** IV ist die römische Schreibweise von 4;
           gesprochen: Karl der Vierte

**Du kannst nun wiedergeben,
was in der Sage der Reihe nach geschieht.**

2 **Was** erfährst du **zuerst**?

    a. Lies noch einmal den Absatz 1.
    b. Beantworte die Fragen in Stichworten.
       • **Wer** ist die Hauptperson in der Sage?
       • **Wo** spielt die Sage?
       • **Wann** spielt die Sage?

→ Stichworte aufschreiben:
   Seite 277

3 **Was möchte** der Herrscher **Karl der IV.**?

    a. Lies noch einmal den Absatz 1.
    b. Schreibe Stichworte auf.

→ Stichworte aufschreiben:
   Seite 277

4 **Auf einmal** passiert **etwas Unerwartetes**.

    a. Lies noch einmal den Absatz 2.
    b. Beantworte die Fragen in Stichworten.
       • Wodurch wird die Jagd gestört?
       • Wie fühlt sich Karl?

→ Stichworte aufschreiben:
   Seite 277

5 **Zum Schluss** wendet sich alles zum Guten.

    a. Lies noch einmal die Absätze 3 und 4.
    b. Beantworte die Fragen in Stichworten.
       • Warum wird alles gut?
       • Wie bekam die Stadt ihren Namen?

→ Stichworte aufschreiben:
   Seite 277

**Du hast die Reihenfolge der Sage aufgeschrieben.
Du kannst die Sage nun nacherzählen.**

6 • Erzähle die Sage in eigenen Worten
     einer Partnerin / einem Partner.
   • Erkläre auch den Namen der Stadt **Karlovy Vary**.

7 • Was könnte wahr sein?
   • Was ist erfunden?
     Besprecht gemeinsam.

Fabelhafte Wettrennen

Eine Fabel aus Europa

In diesem Kapitel lernt ihr Fabeln[1] aus verschiedenen Kontinenten kennen. In den Fabeln geht es um Wettrennen.

[1] **Fabeln:** Fabeln sind kleine Geschichten, in denen Tiere wie Menschen handeln und sprechen.

1 Lest den Anfang der folgenden Fabel.

📖 Die Wette vom Kaulbarsch und dem Lachs

1 Der Kaulbarsch und der Lachs wetteten einmal,
2 wer von den beiden am schnellsten einen Wasserfall
3 hinaufschwimmen könne. Der Kaulbarsch war stolz
4 und nahm die Wette an. Er wusste, dass er die Wette
5 niemals so einfach gewinnen konnte. [...]

2 Wie könnte der Kaulbarsch das Wettrennen gewinnen?

a. Wählt eine Idee aus den Bildern aus.
Oder überlegt euch eine eigene Idee.

1 Die Barsche legen sich dem Lachs in den Weg.

2 Die Barsche legen sich in Form eines Bären.

3 Die Barsche verteilen sich auf die Strecke und warten auf den Lachs.

4 Der Barsch bindet sich an dem Lachs fest.

b. Erzählt eure Idee einer Partnerin / einem Partner.

Der Kaulbarsch gewann das Wettrennen mit einer List.[1]

[1] die List: der Trick, die Täuschung; eine kluge Idee

3 Lest die vollständige Fabel.

📖 Die Wette vom Kaulbarsch und dem Lachs

1 Der Kaulbarsch und der Lachs wetteten einmal,
2 wer von den beiden am schnellsten einen Wasserfall
3 hinaufschwimmen könne. Der Kaulbarsch war stolz
4 und nahm die Wette an. Er wusste, dass er die Wette
5 niemals so einfach gewinnen konnte.
6 Der Kaulbarsch hatte eine kluge Idee:
7 Er band seinen Schwanz mit einem Haar am Lachs fest.
8 Als nun der Lachs oben am Wasserfall angekommen
9 war, schwamm der Kaulbarsch nach vorn.
10 Dann rief er: „Ich bin schon hier!"
11 Und so hatte der Kaulbarsch die Wette gewonnen.

4 Welche List wählte der Kaulbarsch?

> **Merkmal:**
> In Fabeln benutzen die Tiere oft eine List.

5 Warum brauchte der Kaulbarsch eine List?

a. Lest die Informationen über die Tiere.

> Der Lachs hat eine kräftige Schwanzflosse.
> Er kann schnell schwimmen und weit springen.
> Der Kaulbarsch hält sich auf dem Flussboden auf.
> Er schwimmt langsam.

> **Merkmal:**
> In Fabeln haben die Tiere oft gegensätzliche Eigenschaften, z. B. groß und klein.

✏ b. Beantwortet die Frage.

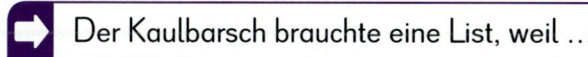

➡ Der Kaulbarsch brauchte eine List, weil …

6 • Was haltet ihr davon, eine Wette durch eine List zu gewinnen?
• Habt ihr schon einmal eine Wette durch eine List gewonnen?

Eine Fabel aus Afrika

**In dieser Fabel geht es um ein Wettrennen
zwischen einem Elefanten und einem Chamäleon.**

Das Wettrennen

1   Ein Elefant begegnete eines Tages einem Chamäleon[1].
2   „Wie klein du bist!", sagte der Elefant. Das Chamäleon
3   antwortete: „Aber das heißt nicht, dass ich langsamer
4   bin als du." Der Elefant trompetete: „Natürlich!"
5   Das Chamäleon rief mutig: „Lass uns sehen, wer
6   schneller ist. Morgen früh machen wir ein Wettrennen!"
7   Der Elefant nahm die Wette lachend an.

8   Das Chamäleon sagte zu seinen Brüdern:
9   „Wir wollen dem Elefanten beweisen, dass Klugheit
10   oft mehr bewirkt als Größe. Verteilt euch
11   morgen früh am Weg und wartet auf den Elefanten."

12   Am nächsten Morgen kam der Elefant und lief sofort
13   los. Das Chamäleon aber kletterte auf den Schwanz
14   des Elefanten. Das hatte der Elefant nicht bemerkt.
15   Nach kurzer Zeit begegnete der Elefant einem
16   Chamäleon. Es war jedoch ein anderes Chamäleon.
17   Der Elefant fragte: „Du bist schon hier? Bist du
18   nicht müde?" – „Nein", antwortete das Chamäleon
19   und lief schnell an dem Elefanten vorbei.

20   So ging es weiter. Der Elefant strengte sich sehr an.
21   Er lief und lief. Aber er konnte das Chamäleon,
22   wie er glaubte, nicht überholen. Endlich fiel er
23   erschöpft hin. Das Chamäleon kletterte von seinem
24   Schwanz und fragte: „Nun, wie steht es mit der Wette?"
25   Der Elefant musste zugeben: „Du hast mich besiegt."

[1] **das Chamäleon**: ein Reptil. Um seine Feinde zu täuschen, kann es seine Farbe
und seine Körperform ändern.

**Das Chamäleon ist viel kleiner als der Elefant.
Trotzdem gewinnt es das Wettrennen.**

 **1** Wie ist das Chamäleon in der Fabel?

   a. Lest noch einmal Absatz 1.
   b. Beschreibt das Chamäleon mit passenden Adjektiven. **⟫⟫** ängstlich, faul, frech,
   listig, mutig, schlau …

> **➡** Das Chamäleon ist … und …

 **2** Warum forderte das Chamäleon den Elefanten heraus?

   a. Findet die passenden Textstellen.
   Nennt den Absatz und die Zeile.
   b. Lest diese Textstellen vor.

> **Merkmal:**
> In Fabeln handeln
> und sprechen die
> Tiere wie Menschen.

 **3** Welche List wählte das Chamäleon?

   a. Findet die Textstelle. Nennt den Absatz und die Zeile.
   b. Schreibt die List mit eigenen Worten auf.

**Der Elefant strengte sich sehr an,
aber er konnte das Chamäleon nicht überholen.**

 **4** Was könnte der Elefant gedacht haben?
Welche Fragen könnte er sich gestellt haben?

> **➡** Der Elefant dachte: „Das Chamäleon ist aber …

**Am Schluss der Fabel sagte der Elefant:
„Du hast mich besiegt."**

 **5** Was hat der Elefant gelernt? Schreibt es auf.

> **➡** Der Elefant hat gelernt, dass …

> **Merkmal:**
> In Fabeln gibt es oft
> eine Lehre.
> Die Menschen sollen
> etwas aus der Fabel
> lernen.

Z **6** Was hat das Chamäleon gelernt?

Eine Fabel aus Asien

In dieser Fabel heißt es: Fuchs gegen Karpfen!

📖 Vom Fuchs und dem Karpfen

1 Einmal lief der Fuchs an einem Fluss entlang und sah
2 dicht am Ufer einen Karpfen, der faul im Schlamm lag.
3 Der Fuchs sagte: „Stimmt es, dass du nicht laufen
4 kannst?" „Fuchs, ich kann genauso schnell laufen
5 wie du", antwortete der Karpfen. Der Fuchs
6 schüttelte seinen Kopf: „Das glaube ich dir nicht!"
7 Der Karpfen sagte: „Dann können wir ja wetten,
8 wer schneller bis zur Mündung[1] des Flusses läuft."

9 Der Karpfen war viel zu faul, um mit dem Fuchs
10 um die Wette zu laufen. Er erzählte einem anderen
11 Karpfen von seiner Wette. Der berichtete
12 die Geschichte dem nächsten Karpfen und so weiter.
13 Schließlich kannten alle Karpfen im ganzen Fluss
14 die Wette mit dem Fuchs.

15 Der Fuchs lief, so schnell er konnte. Nach einiger Zeit
16 rief er: „Karpfen, bist du da?" Da antwortete der erste
17 Karpfen im Fluss: „Ja, hier bin ich!" Der Fuchs lief
18 noch schneller und rief wieder: „Karpfen, bist du da?"
19 Und wieder antwortete der nächste Karpfen:
20 „Ja, hier bin ich!" Der Fuchs rannte noch schneller.
21 Immer wieder rief er: „Karpfen, bist du da?"
22 Immer wieder bekam er die Antwort: „Ja, hier bin ich!"

23 Endlich erreichte der Fuchs die Mündung des Flusses
24 und rief zum letzten Mal: „Karpfen, bist du da?"
25 Worauf der letzte Karpfen brummte: „Ja, hier bin ich,
26 Fuchs! Du hast aber lange gebraucht!"
27 Seit dieser Zeit spricht kein Fuchs mehr mit den Fischen.

[1] **die Mündung:** das Gebiet, wo ein Fluss in ein anderes Gewässer fließt

 1 a. Legt eine Folie über die Fabel.

b. Markiert die Antworten auf folgende Fragen:
   - Welche Wette schließen der Fuchs und der Karpfen ab? → Zeile 7–8
   - Mit welcher List gewinnt der Karpfen? → Zeile 9–14

c. Beantwortet die Fragen in Stichworten. → Stichworte aufschreiben: Seite 277

 2 Welche Eigenschaften haben der Fuchs und der Karpfen in der Fabel?

a. Findet passende Textstellen.
   Nennt den Absatz und die Zeile.

b. Schreibt zu jedem Tier passende Adjektive auf.

➡ Karpfen: faul (Zeile …), …

 3 Überlegt, warum seit dieser Zeit kein Fuchs mehr mit den Fischen spricht.

Z **Wie hätte der Karpfen das Wettrennen auch gewinnen können? Du kannst die Fabel umschreiben. Beim Schreiben hilft dir der Schreibprofi.**

1. Schritt: Vor dem Schreiben

 **4** **Was** willst du schreiben?

a. Sammle Ideen für eine andere List der Karpfen.

b. Schreibe Stichworte auf. → Stichworte aufschreiben: Seite 277

2. Schritt: Beim Schreiben

 **5** Füge deine Ideen in den Text der Fabel ein. → ab Absatz 2, Zeile 10

3. Schritt: Nach dem Schreiben

 6 a. Stelle deine Fabel einer Partnerin / einem Partner vor.

b. Überarbeite deine Fabel.

ᴢ Fabeln vergleichen

Auf den Seiten 160 bis 165 habt ihr die Merkmale von Fabeln kennen gelernt.

1 Schreibt die Merkmale übersichtlich auf ein Blatt.
Tipp: Gestaltet das Blatt fabelhaft.

Ihr habt in diesem Kapitel drei Fabeln kennen gelernt.

Seite 161   Seite 162

Seite 164

2 **a.** Lest noch einmal die Fabeln auf den Seiten 161, 162, 164.
b. Schreibt die Überschrift jeder Fabel auf.

➡ Die Wette vom Kaulbarsch und dem Lachs …

Die Fabeln könnt ihr miteinander vergleichen.

 3 Welche **Tiere sprechen** und **wetten** miteinander?
Ergänzt eure Ergebnisse von Aufgabe 2.

> Die Wette vom Kaulbarsch und dem Lachs
> – Der Kaulbarsch und der Lachs wetteten miteinander.

4 Welche **gegensätzlichen Eigenschaften** haben die Tiere?
Ergänzt eure Ergebnisse.

> – …
> – Der Kaulbarsch ist faul. Der Lachs kann schnell …

 5 Welche **List** wählen die Tiere in jeder Fabel?
Ergänzt eure Ergebnisse.

> – …
> – Der Kaulbarsch bindet sich …

6 In welchen Fabeln gibt es eine **Lehre**?
Schreibt die Lehre auf.

> Der/Die … hat gelernt, dass …

Z **Ihr könnt die Fabeln auch in einer Tabelle vergleichen.**

 7 a. Zeichnet die Tabelle in euer Heft.
b. Ergänzt die Tabelle.
Verwendet eure Ergebnisse aus den Aufgaben 2 bis 6.
Schreibt Stichworte auf.

→ Eine Tabelle zeichnen: Seite 278

Fabel	Welche Tiere?	Welche Eigenschaften?	Welche List?	Welche Lehre?
Die Wette vom Kaulbarsch und dem Lachs …	…	…	…	…

Training: Eine Fabel überarbeiten

David hat eine Fabel geschrieben.

📖 <u>Das Huhn und die Taube</u>

1 *„Kein Tier fliegt höher als ich!", sagte die Taube.*
2 *Das Huhn sagte: „Ich kann höher fliegen als du!"*
3 *Die Taube sagte: „Das kann niemand!"*
4 *„Doch, das kann ich!", sagte das Huhn.*
5 *Und so wetteten das Huhn und die Taube,*
6 *wer höher fliegen kann.*

7 *Das Huhn wusste aber nicht, was es machen sollte.*
8 *Es kann ja nicht fliegen.*
9 *Als das Huhn traurig auf einem Baumstamm saß,*
10 *hatte es eine Idee.*

11 *Das Huhn kletterte auf einen Berg.*
12 *Dann nahm das Huhn ganz viel Anlauf.*
13 *Dann sprang es vom Berg herunter.*
14 *Dann flog die Taube nach oben.*
15 *Dann fiel das Huhn auf die Taube drauf.*
16 *Dann segelten sie zum Boden,*
17 *weil das Huhn so schwer war.*

18 *Die Taube war böse und rief:*
19 *„Du kannst doch nicht einfach auf mich drauffallen!"*
20 *Das Huhn lachte und sagte:*
21 *„Siehst du! Ich bin von oben auf dich draufgefallen.*
22 *Also bin ich höher geflogen als du!"*
23 *Und so gewann das Huhn.*

👥💬 **1** Was passiert in der Fabel?
- Wer schließt eine Wette ab?
- Worum geht es in der Wette?
- Wer gewinnt?
- Wie?

David möchte seine Fabel überarbeiten.

**In Absatz 1 verwendet David oft das Verb sagen.
Das klingt langweilig.**

1 „Kein Tier fliegt höher als ich!", sagte die Taube.

2 Das Huhn sagte: „Ich kann höher fliegen als du!"

3 Die Taube sagte: „Das kann niemand!"

4 „Doch, das kann ich!", sagte das Huhn.

5 Und so wetteten das Huhn und die Taube,

6 wer höher fliegen kann.

2 a. Findet andere Verben für **sagen**.

b. Schreibt zu jedem Verb die passende Form
im Präteritum.

>>> antworten, rufen, meinen, behaupten …

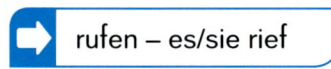

rufen – es/sie rief

c. Schreibt Absatz 1 von David neu auf.

In Absatz 3 beginnen viele Sätze mit dann.

11 Das Huhn kletterte auf einen Berg.

12 Dann nahm das Huhn ganz viel Anlauf.

13 Dann sprang es vom Berg herunter.

14 Dann flog die Taube nach oben.

15 Dann fiel das Huhn auf die Taube drauf.

16 Dann segelten sie zum Boden,

17 weil das Huhn so schwer war.

3 Wie kann David die Sätze anders formulieren?
Probiert verschiedene Möglichkeiten aus.
Schreibt die neuen Sätze auf.

>>> danach, nun, daraufhin, anschließend …

Gedichte über den Wind

Den Wind sehen und hören

**Manchmal kann man den Wind sehen.
Hier stehen 5 Strophen aus einem Gedicht.**

 Variationen¹ über den Wind   Hanns Cibulka
¹ **die Variation**: die Veränderung

1 Wind,
2 du kommst auf mich zu,
3 durchs offene Fenster,
4 nimm Platz,
5 ich möchte endlich einmal sehen,
6 wie du aussiehst. [...]

7 Alle Landschaften
8 der Erde
9 hast du gesehen,
10 nun sag mir, Wind,
11 wo deine Heimat ist. [...]

12 Tag für Tag
13 trägst du ein anderes Gewand,
14 ein Hemd aus blauer Seide,
15 einen Mantel
16 aus Staub.

17 Wind,
18 der mit den Wolken spielt,
19 sag, was machst du nur,
20 wenn du nicht wehst? [...]

21 Es gibt keinen Ort,
22 der dich festhält,
23 immer wieder fliehst du
24 vor dir selbst. [...]

 1 Lies das Gedicht zuerst still und dann halblaut.

 2 Welche Fragen werden an den Wind gestellt?
Lies die passenden Textstellen vor.   → Zeile 6, 11, 19–20

 3 Welche Fragen möchtest **du** an den Wind stellen?

Manchmal kann man den Wind auch hören.

📖 Der Wind zieht seine Hosen an   Heinrich Heine

1   Der Wind zieht seine Hosen an,
2   Die weißen Wasserhosen!
3   Er peitscht die Wellen, so stark er kann,
4   Die heulen und brausen und tosen[1].

5   Aus dunkler Höh, mit wilder Macht
6   Die Regengüsse träufen[2];
7   Es ist, als wollt' die alte Nacht
8   Das alte Meer ersäufen.

9   Am Mastbaum klammert die Möwe sich
10   Mit heiserem Schrillen und Schreien;
11   Sie flattert und will gar änstiglich[3]
12   Ein Unglück prophezeien[4].

[1] **sie tosen:** sie toben, sie dröhnen   [2] **träufen:** stürzen vom Himmel
[3] **änstiglich:** ängstlich   [4] **prophezeien:** vorhersagen

👄 **4** Lasst euch das Gedicht vorlesen.

    a. Schließt die Augen und hört genau zu.
    b. Was habt ihr gehört und gesehen?

5 Lest die Verse betont, sodass ihr euch den Wind
vorstellen könnt.

> Merkmal:
> besondere Sprache

In dem Gedicht reimen sich die Verse.

6 **a.** Lest die letzten Wörter von jedem Vers.
      Was fällt euch auf?
    b. Tauscht die Verse so, dass sich immer zwei Verse
      nacheinander reimen.
    c. Schreibt das veränderte Gedicht auf.

7 **a.** Lest das veränderte Gedicht vor.
    b. Hört genau zu: Wie wirkt das Gedicht jetzt?

Reime in Gedichten

Der Wind hat auch schöne Seiten.
Wir können zum Beispiel einen Drachen steigen lassen.

 **Luftikus**[1]   Sieglinde Jug

1 Ich schaukle und gaukle im Wind,
2 betrachte von oben die Welt.
3 Das Kind, das mich in Händen hält,
4 läuft über die Felder geschwind.

5 Ich drehe mich und taumle[2],
6 verliere an Höhe und baumle
7 zwischen zwei hohen Bäumen,
8 die vom Reißausnehmen träumen.[3]

9 Das Kind, es jauchzt und hält mich fest,
10 zieht an der Schnur im Fallen.
11 Schau eben noch ins Vogelnest,
12 schon glaub ich aufzuprallen.

13 Da kommt der Wind und hebt mich an.
14 Das Kind ist aufgesprungen.
15 Wie schnell es wieder laufen kann!
16 Der Start ist doch gelungen!

[1] **der Luftikus:** der Draufgänger, der Leichtsinnige
[2] **ich taumle:** ich schwanke hin und her
[3] **vom Reißausnehmen träumen:** vom Abhauen träumen

1 Lest das Gedicht mehrmals.

2 • Wer spricht in dem Gedicht?
    • Was geschieht mit dem Sprecher?

>>> er schaukelt,
er taumelt …

Du kannst die Strophen des Gedichts untersuchen.

 3 a. Wie viele Strophen hat das Gedicht?
b. Wie viele Verse hat jede Strophe?

> **Merkmal:**
> Strophen und Verse

 4 Reime lassen die Strophen klingen.

a. Lies dir die Strophen 2 und 3 vor.
b. Schreibe die Reimwörter untereinander auf.

> **Merkmal:**
> Reime

> taumle
> baumle
> ...

 5 Welche Reimformen haben die Strophen?

a. Vergleiche die Reime.
b. Kennzeichne die Reimwörter mit a und b.
c. Schreibe die Reimformen auf.

> **Reimformen:**
>
> der Paarreim   der Kreuzreim
>
> a ⌉   a ⌉
> a ⌋   b ⌉
> b ⌉   a ⌋
> b ⌋   b ⌋

 6 a. Lies das Gedicht laut.
Lasse die Reimwörter klingen.
b. Wie wirken die unterschiedlichen Reime?

Z **7** Lerne zwei Strophen auswendig.

→ Ein Gedicht auswendig
lernen: Seite 273

⚙ Arbeitstechnik

Ein Gedicht auswendig lernen

- Ich lese die ersten beiden Verse mehrmals.
- Ich merke mir die Verse.
- Ich decke die Verse ab.
- Ich sage die Verse auswendig auf.
- Ich vergleiche mit dem Gedicht.
- Ich lerne Teil für Teil so auswendig.

Bildgedichte

**Manche Gedichte haben eine besondere Form.
Die Form verdeutlicht den Inhalt des Gedichts.**

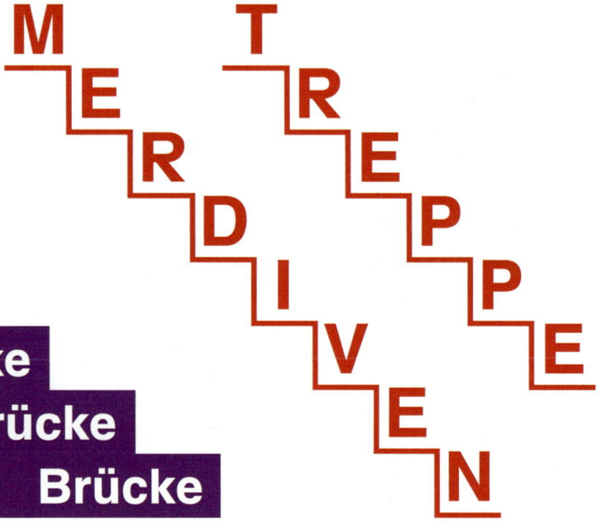

WelleWelleWelleWelleWelleWelleWelleWelleWelleWelleWelleWelleWelleWelleWelle

wavewavewavewavewavewavewavewavewavewavewavewavewavewave

dalgadalgadalgadalgadalgadalgadalgadalgadalgadalgadalgadalga

M
E
R
D
I
V
E
N

T
R
E
P
P
E

Brücke
Brücke   Brücke
Brücke   Brücke
Brücke   Brücke

 **1** Sind das Wörter? Sind das Bilder?
Oder vielleicht beides?

a. Zeichne die Bildwörter ab.
b. Versuche andere Bildwörter zu gestalten.
Verwende Deutsch oder eine andere Sprache.

> **Merkmal:**
> Gedichte haben
> manchmal eine
> besondere Form.

Dieses Windgedicht hat Eugen Gomringer „gestaltet".

```
                    w           w
            d               i
        n           n           n
    i           d       i           d
  w                         w
```

2 **a.** Wie oft kommt das Wort **Wind** vor?
    b. Schreibe das Gedicht ab.

Max Bense hat ein Wolkengedicht „gestaltet".

```
 wolke        wolke
        wolkewolkewolkewolke
     wolkewolkewolkewolke
        wolkewolkewolkewolke
      wolke        wolke
          B           B
          L           L b
          I           I  l    t z
          T           T    i
          Z           Z    t z
```

 3 **a.** • Woran erkennst du die **Wolke**?
              • Woran erkennst du die **Blitze**?
       b. Schreibe das Gedicht ab.
       c. Male die Wolke und die Blitze farbig aus.

4 Gestalte ein eigenes Gedicht zum Thema **Regen**.

Gedichte über Freundschaft

Hier stehen Sprüche über Freundschaft und Freunde.
Einige Sprüche sind schon alt.
Sie könnten aber auch von heute sein.

Der beste Weg, einen Freund zu haben,
ist der, selbst einer zu sein.
(Ralph Waldo Emerson, 1803–1882)

Ein Freund versteht mich
auch ohne viele Worte.
(Benjamin L., 2013)

Ein freundliches Wort kostet nichts,
und dennoch ist es
das schönste aller Geschenke.
(Daphne du Maurier, 1907–1989)

Mit einem Freund sind
auch Schwierigkeiten
leichter zu ertragen.
(Tom F., 2013)

Blumen können nicht blühen
ohne die Wärme der Sonne.
Menschen können nicht Mensch werden
ohne die Wärme der Freundschaft.
(Phil Bosmans, geb. 1922)

Freunde sind etwas Besonderes.
Sie teilen alles miteinander
und stehen füreinander ein.
(Melissa R., 2013)

1 Die Sprüche sagen etwas über Freunde und Freundschaft.
- Womit wird eine Freundschaft verglichen?
- Was ist wichtig für eine Freundschaft?
- Was gehört alles zu einer Freundschaft?

Z **2** a. Wähle einen Spruch aus oder schreibe
einen eigenen Spruch über Freundschaft und Freunde.
b. Schreibe den Spruch in schöner Schrift auf ein Blatt.
c. Gestalte das Blatt.

Wie sind Freunde?
In diesem Gedicht spricht jemand
zu einer Freundin oder zu einem Freund.

 **Du bist wie das Meer** Hans Retep

1 Du bist wie das Meer für mich:
2 Mal kommst du mir näher,
3 mal weichst du zurück,
4 doch du bist immer da,
5 damit ich an deinem Strand
6 neue Kraft schöpfen kann.

3 In dem Gedicht wird die Freundin oder der Freund
angesprochen.

a. In welchen Versen wird sie oder er angesprochen?
Lies die Verse vor.
b. An welchen Wörtern hast du es erkannt?
Begründe.

4 Womit wird die Freundin oder der Freund verglichen?

a. Schreibe den Vergleich auf.
b. Wie wird der Vergleich begründet?
Schreibe auf.

> **Merkmal:**
> Vergleiche machen
> Gedichte anschaulich
> und lebendig.

5 Lass dir das Gedicht vorlesen.

a. Schließe die Augen und höre genau zu.
b. Was hast du gesehen?
Schreibe es mit eigenen Worten auf.

> ➡ Wenn ich das Gedicht höre, sehe ich …

> ❯❯❯ das Meer rauscht,
> die Wellen schlagen
> an den Strand,
> eine Möwe schreit

Leseecke: Abenteuerliche Bücher

In diesem Kapitel lernst du Ausschnitte aus Jugendbüchern kennen. Sie führen dich in abenteuerliche Welten.

Wings. Der mysteriöse Mr. Spines[1]   nach Jason Lethcoe

Edward wachsen eines Tages plötzlich Flügel. Dabei wird Edward ohnmächtig. Als er wieder aufwacht, sitzt er in einem Eisenbahnwagon.

1 Edwards Blick wanderte zu dem Mitreisenden.

2 „Gut geschlafen?", fragte die furchterregende,

3 stachelige Erscheinung. Edward schrie auf.

4 „Psst! Du hetzt uns noch den Schaffner auf den Hals!",

5 zischte der seltsame Kauz[2]. „Ich will dir alles erklären,

6 so gut ich kann. Aber du musst dich zusammenreißen."

7 Edward presste seine Lippen fest aufeinander.

8 Vielleicht sollte er lieber abhauen? Aber die Art,

9 mit der der Kauz sprach, hielt ihn davon ab.

10 „So ist es besser", flüsterte der Kauz und schenkte

11 Edward ein schreckliches Grinsen mit gelben Zähnen.

12 „Und überhaupt: Du musst ja halb verhungert sein.

13 Wie wäre es mit etwas Tee?" Edward nickte.

14 Er überlegte krampfhaft, was er sagen könnte.

15 Nach einer vollen Minute fand er seine Stimme wieder

16 und sagte stotternd: „W-w-wer sind S-s-sie?"

17 Der Kauz kicherte und antwortete:

18 „Ich heiße Melchior. Aber wenn es dir lieber ist,

19 kannst du Mr. Spines zu mir sagen."

[1] **der mysteriöse Mr. Spines:** der rätselhafte/geheimnisvolle Mister Spines
(engl.: Herr Spines; sprich: spains)
[2] **der Kauz:** der eigenartige Mensch

20 Edward nickte und betrachtete die langen Stacheln,

21 die unter dem altmodischen Hut von Mr. Spines

22 hervorragten. „Ich bin …", begann Edward.

23 Mr. Spines fiel ihm ins Wort. „Du bist Edward, natürlich.

24 Ich kenne dich. Es ist kein Zufall, dass du hier bist." [...]

25 Edward tastete mit der rechten Hand auf seinen Rücken.

26 Er spürte die Federspitzen und schauderte³.

27 „Im Moment wirst du sie noch nicht benutzen können."

28 Spines deutete mit dem Kopf auf Edwards Flügel.

29 „Du wirst viel üben müssen, bis du fliegen kannst."

30 Edward war viel zu verblüfft, um sprechen zu können.

31 *Hat er gerade gesagt, ich werde fliegen können?*

32 Offenbar konnte Mr. Spines Edwards Gedanken lesen,

33 denn er sagte: „Aber warum solltest du sonst Flügel

34 haben?" „Warum sollte ich denn fliegen wollen?",

35 fragte Edward. [...]

36 „Du fragst, warum du das wollen solltest? Das ist ja

37 wohl nicht dein Ernst!" Edward zuckte zusammen,

38 als ein weißes Hermelin⁴ auf Mr. Spines' Schulter sprang.

39 „Weil alle Wächter fliegen, Edward!"

³ **schaudern:** sich ekeln, sich fürchten
⁴ **ein Hermelin – das Hermelin:** ein kleines Raubtier, eine Marderart

💬 **1** Was macht Mr. Spines so mysteriös? Erzähle.

>>> die Art zu sprechen,
die stachelige
Erscheinung …

💬 **2** Hat Mr. Spines wohl etwas damit zu tun,
dass Edward Flügel wuchsen? Was weiß Mr. Spines?

    a. Finde Erklärungen im Text.
    b. Lies die Textstellen vor.

➡ Zeile 5–6, 23–24,
27–29, 39

💬 **3** Warum sollte Edward fliegen wollen? Findet Antworten.

**Welche fantastischen Abenteuer erlebt Edward?
Das erfährst du in dem Jugendbuch.**

📖 Magic Girls. Der verhängnisvolle Fluch nach Marliese Arold

**In der Menschenwelt sollen die Hexenmädchen Elena
und Miranda etwas über die Menschen lernen.
Heute ist für die beiden der erste Tag in der neuen Klasse.**

1 Elena mit den kastanienbraunen, gekräuselten Haaren
2 wirkte zuerst ein bisschen unschlüssig¹. Dann sagte
3 sie: „Also … erst mal hallo!" Sie lächelte. Es war
4 ein sympathisches Lächeln. „Alles ist hier noch völlig
5 neu für uns, und ich glaube, in unserem Land … äh …
6 in unserem Bundesland haben wir auch einen ganz
7 anderen Stoff gehabt." – „Ich wohne bei Elenas Familie",
8 sagte Miranda. […] „Wir sind fast wie Schwestern." –
9 „Und beste Freundinnen", bekräftigte Elena. […]

Elena

Miranda

10 „Ihr könnt leider nicht nebeneinandersitzen", sagte
11 Frau Treller. „Elena, du bist sehr groß. Am besten
12 setzt du dich nach hinten neben Mark. Oder hast du
13 Probleme mit den Augen, dass du nicht gut zur Tafel
14 sehen kannst?" Elena schüttelte den Kopf. „Falls ich
15 etwas nicht lesen kann, dann zoome ich die Schrift
16 einfach heran." Sie sagte es ganz ernsthaft,
17 und als die Klasse zu lachen begann, wurde sie rot.
18 „Das war natürlich ein Scherz", meinte Elena.

19 „Miranda, du setzt dich neben Anna", sagte Frau Treller.
20 Miranda nickte und nahm in der ersten Reihe Platz.
21 Sie packte ihre Sachen aus. Jana sah genau,
22 wie sie ihr Mäppchen öffnete und ihre Stifte ergriff.
23 Dann ließ Miranda die Stifte aus der Hand rollen.
24 Die Stifte bildeten eine exakte Reihe, der Farbe
25 nach geordnet. Jana zog die Luft ein. Unglaublich!
26 War das Zufall oder ein lang geübter Trick?

¹ **unschlüssig:** unsicher

27 Auch Elena öffnete ihr Mäppchen und griff nach
28 den Stiften. Jana hätte schwören können, dass Elena
29 zu derselben Bewegung wie Miranda ansetzte,
30 aber dann stoppte sie. Elena ließ die Stifte los und
31 legte ihre Hand auf die Stifte. Es schien, als wollte sie
32 eine ordentliche Reihe absichtlich verhindern.
33 Als Elena die Hand wegnahm, bildeten die Stifte
34 ein wildes Durcheinander. [...]
35 Warum hat sie das gemacht?, grübelte Jana. Ich wette,
36 sie kann den gleichen Trick wie Miranda. ... [...]

37 „Jana!", flüsterte Nele plötzlich. „Hast du das gesehen?"
38 „Was denn?", wisperte Jana zurück.
39 „Wie die Neue ihren Bleistift gespitzt hat." –
40 „Ich hab nicht hingeguckt." – „Sie hat dazu ihre
41 Fingernägel verwendet." Nele schüttelte den Kopf.
42 „Die müssen messerscharf sein, wenn das funktioniert."

43 Jana sagte nichts dazu, aber sie behielt Miranda
44 jetzt scharf im Blick. Miranda lauschte konzentriert,
45 was Frau Treller erklärte. Dann wanderte ihre Hand
46 in Richtung Schultasche. Ohne dass Miranda die Tasche
47 berührt hatte, klappte die Lasche zurück. Jana sah,
48 wie Miranda eine Trinkflasche in die Hand sprang.
49 Nele hatte den Vorfall auch beobachtet.
50 Die beiden Freundinnen starrten sich an.
51 Nele kritzelte auf einen Zettel: *Wie hat sie das gemacht?*

💬 **1** Niemand sollte wissen, dass Elena und Miranda
Hexenmädchen sind.
• Wodurch hätten sie sich beinahe verraten?
• Was haben Nele und Jana wohl alles zu besprechen?

**Welche Abenteuer warten in der Menschenwelt auf Elena
und Miranda? Das erfährst du in dem Jugendbuch.**

Warrior Cats¹. In die Wildnis nach Erin Hunter

Tief verborgen im Wald leben vier wilde Katzen-Clans².
Die Katzen müssen sich ihre Nahrung selbst verschaffen.
Als der Hauskater Sammy eine Maus jagt, trifft er auf
Blaustern, Löwenherz und Graupfote aus dem Donner-Clan.

1 Löwenherz betrachtete Sammy schweigend.

2 Sammy legte die Ohren an und duckte sich.

3 Sein Fell kribbelte. „Ich bin keine Bedrohung

4 für euren Clan", sagte er. „Du bedrohst unseren Clan,

5 wenn du uns die Nahrung wegnimmst",

6 fauchte Blaustern. „Du hast schon genug Futter.

7 Du kommst nur hierher und jagst zum Vergnügen.

8 Wir aber jagen, um zu überleben." […]

9 Plötzlich verstand Sammy ihre Wut. Sein Körper zitterte

10 nicht mehr. Er setzte sich auf und stellte die Ohren gerade.

11 Er hob den Blick und sah Blaustern in die Augen.

12 „So habe ich das bisher nicht gesehen. Es tut mir leid",

13 beteuerte er. „Ich werde hier nicht wieder jagen."

14 „Du bist ein ungewöhnliches Hauskätzchen",

15 miaute Blaustern. Ruhig fragte Sammy:

16 „Ist das Überleben hier wirklich so schwer?"

17 „Unser Gebiet umfasst nur einen Teil des Waldes",

18 erklärte Blaustern. „Wir kämpfen mit anderen Clans

19 um das, was wir haben." […]

20 „Ihr seid also Krieger?", fragte Sammy.

21 Löwenherz erwiderte: „Einige sind Krieger.

22 Andere sind zum Jagen zu jung oder zu alt.

23 Oder sie müssen sich um die Jungen kümmern."

24 Und ihr alle lebt zusammen und teilt euch die Beute?",

25 murmelte Sammy. […]

¹ **Warrior Cats**: engl., kriegerische Katzen [sprich: worria käts]
² **der Clan**: engl., die Gemeinschaft [sprich: klan]

26 „Vielleicht solltest du diese Dinge selbst herausfinden.

27 Würdest du dich gern dem Donner-Clan anschließen?"

28 Sammy war so überrascht, dass er nicht antworten konnte.

29 Blaustern fuhr fort: „Wenn ja, dann würdest du

30 zusammen mit Graupfote trainieren,

31 um ein Clan-Krieger zu werden." –

32 „Aber Hauskätzchen können keine Krieger werden",

33 platzte Graupfote heraus. „Sie haben kein Kriegerblut!"

34 Ein trauriger Blick verdüsterte Blausterns Augen.

35 „Kriegerblut", sagte Blaustern. „Zu viel davon ist

36 in letzter Zeit vergossen worden." Löwenherz fuhr fort:

37 „Blaustern bietet dir eine Ausbildung an, junges Kätzchen.

38 Es gibt keine Garantie, dass du ein richtiger Krieger wirst.

39 Es könnte sich als zu schwierig für dich erweisen.

40 Schließlich bist du an ein bequemes Leben gewöhnt." […]

41 „Dir muss klar sein, dass Blaustern dieses Angebot

42 nicht leichtfertig macht", sagte Löwenherz warnend.

43 „Wenn du von uns ausgebildet werden willst, müssen

44 wir dich in unseren Clan aufnehmen. Du musst entweder

45 mit uns leben und unsere Lebensweise akzeptieren

46 oder für immer in dein Zweibeiner-Heim zurückkehren.

47 Du kannst nicht mit einer Pfote in deiner Welt und

48 mit der anderen in unserer Welt leben." Sammy schauderte,

49 aber nicht vor Kälte, sondern vor Aufregung. […]

1 Warum wollen die Katzen den Hauskater Sammy
als neuen Krieger in ihren Clan aufnehmen?
Finde die Antwort im Text und lies sie vor.

2 Was könnte es für Sammy bedeuten,
Mitglied des Donner-Clans zu sein?

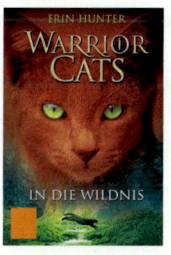

**Welche Abenteuer erlebt Sammy mit dem Donner-Clan?
Das erfährst du in dem Jugendbuch.**

Der Aufgabenknacker

Der Aufgabenknacker hilft dir, eine Aufgabe zu verstehen und zu bearbeiten.

1. Schritt: Genau lesen

 1 Lies die Beispiel-Aufgabe 1 genau.
Achte besonders auf das Verb (Tunwort).

> 1 Vergleicht die Reime der Strophen.

 2 a. Schreibe das Verb aus der Beispiel-Aufgabe in dein Heft.
b. Schreibe den Infinitiv (die Grundform) dazu.

2. Schritt: Überlegen, was zur Lösung gehört

 3 a. Lies die Beispiel-Aufgabe 1 noch einmal.
b. **Was genau** sollst du vergleichen?

Ich soll Gemeinsamkeiten und Unterschiede finden.
Ich soll wiedergeben, wie etwas aussieht oder funktioniert.

c. **Wie** sollst du es tun?

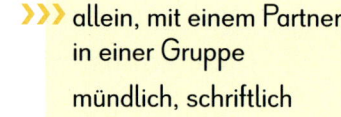
allein, mit einem Partner, in einer Gruppe

mündlich, schriftlich

3. Schritt: Mit eigenen Worten wiedergeben

 4 Welche Sätze geben die Beispiel-Aufgabe 1 richtig wieder?
Schreibe sie in dein Heft.

Ich soll mit einem Partner mündlich Gemeinsamkeiten und Unterschiede in den Reimen der Strophen finden.
Ich soll Gemeinsamkeiten und Unterschiede in den Reimen der Strophen finden.

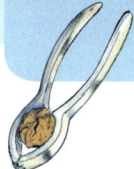

Bei langen Aufgaben musst du jede Teilaufgabe einzeln bearbeiten.

1. Schritt: Genau lesen

5 a. Lies die Beispiel-Aufgabe 2 genau.
Achte besonders auf die Verben (Tunwort).
b. Aus wie vielen Teilen besteht die Aufgabe?

> 2 a. Lest noch einmal die Fabeln auf den Seiten 161, 162 und 164.
> b. Schreibt die Überschrift jeder Fabel auf.

6 a. Schreibe das Verb aus jeder Teilaufgabe in dein Heft.
b. Schreibe den Infinitiv (die Grundform) dazu.

2. Schritt: Überlegen, was zur Lösung gehört

7 a. Lies die Beispiel-Aufgabe 2 noch einmal.
b. **Was genau** sollst du lesen und aufschreiben?
c. **Wie** sollst du es tun?

> Bei Aufgabe 2a. soll ich …
> Bei Aufgabe 2b. soll ich …

››› allein, mit einem Partner, in einer Gruppe
mündlich, schriftlich

3. Schritt: Mit eigenen Worten wiedergeben

8 Was sollst du in Beispiel-Aufgabe 2 a. und b. tun?
Schreibe die Sätze in dein Heft. Ergänze die Lücken.

Bei Aufgabe 2a. soll ich mit ____ die Fabeln auf den Seiten 161, 162 und 164 nochmal lesen.

Bei Aufgabe 2b. soll ich mit einem Partner die ____ der Fabeln aufschreiben.

Texte lesen und verstehen: Der Textknacker

Den Textknacker kennst du schon.

 1 Wie funktioniert der Textknacker?
Lies die Seiten 190 und 191.

Einen Text verstehen ist so
wie eine Nuss knacken.

Eine harte Nuss musst du knacken,
damit du an ihren weichen Kern herankommst.
Dazu brauchst du einen Nussknacker.

Einen Text kannst du auch „knacken",
genauso wie eine harte Nuss.
Dann kannst du ihn verstehen.
Dabei hilft dir der Textknacker.

Der Textknacker hilft dir bei Sachtexten,
aber auch bei Geschichten und (ganzen) Büchern.

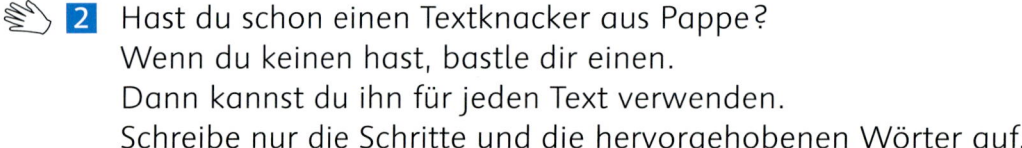

2 Hast du schon einen Textknacker aus Pappe?
Wenn du keinen hast, bastle dir einen.
Dann kannst du ihn für jeden Text verwenden.
Schreibe nur die Schritte und die hervorgehobenen Wörter auf.

Z **3** Gestaltet für euren Klassenraum ein Plakat
mit den Textknacker-Schritten.

Z **4** Lege eine abwaschbare Folie in dein Buch.
So kannst du in jedem Text das Wichtigste auf Folie markieren.

Der Textknacker hilft dir, Texte zu lesen und zu verstehen.

1. Schritt: Vor dem Lesen
Bilder helfen mir, den Text besser zu verstehen.
Die **Überschrift** sagt mir etwas über den Text.

- Ich sehe mir die Bilder an.
- Ich lese die Überschrift.
- Worum könnte es in dem Text gehen?

2. Schritt: Das erste Lesen
Ein Text hat **Absätze**. Was in einem Absatz steht, gehört zusammen.
Die **Schlüsselwörter** im Text sind besonders wichtig.
Einige **Wörter** werden unter dem Text **erklärt**.

- Ich zähle die Absätze.
- Ich lese die hervorgehobenen Schlüsselwörter.
- Ich lese die Worterklärungen.
- Was weiß ich jetzt?

3. Schritt: Den Text genau lesen
Erst **der ganze Text** sagt mir, worum es geht.

- Ich lese den ganzen Text – Absatz für Absatz.
- Was habe ich erfahren?

4. Schritt: Nach dem Lesen
Ich habe den ganzen Text gelesen.

- Ich schreibe zu jedem Absatz etwas auf.
  Ich schreibe die wesentlichen Informationen auf.
- Ich schreibe auf, was für mich wichtig ist.

Hier kannst du den Textknacker ausprobieren.

1 Wende die Schritte vom Textknacker an.

→ Textknacker: Seite 274

1. Schritt: Vor dem Lesen

2. Schritt: Das erste Lesen

3. Schritt: Den Text genau lesen

〉〉〉 1. die Bilder
die Überschrift
2. die Absätze
die Schlüsselwörter
3. der ganze Text

Über die Schildbürger gibt es so manche merkwürdige Geschichte. In dieser Geschichte geht es um den Wettstreit zwischen zwei Kuckucken.

📖 Der gemeine Kuckuck

1 Einmal vor langer Zeit ritt ein Schildbürger[1] aus Schilda
2 auf seinem Pferd durch die Felder nach Hause.
3 Als er so ritt, hörte er zwei Kuckucke rufen.
4 Der eine Kuckuck kuckuckte[2] auf einem Baum,
5 der in Schilda stand. Der andere Kuckuck kuckuckte
6 auf einem anderen Baum, der zum Nachbarort gehörte.
7 Sie kuckuckten um die Wette.

8 Der Schildbürger merkte, dass der fremde Kuckuck
9 dem Kuckuck aus Schilda überlegen war[3]. Das ärgerte
10 den Schildbürger. Er stieg von seinem Pferd und
11 kletterte auf den Baum, um dem Schildaer Kuckuck
12 beim Kuckucken zu helfen. Beide kuckuckten so viel,
13 dass sie den fremden Kuckuck besiegten.

[1] **ein Schildbürger:** ein Bürger, der in Schilda wohnt
[2] **kuckucken:** ein Wort für „Kuckuck" rufen
[3] **Er war ihm überlegen:** Er war besser als der andere.

14 Doch inzwischen war ein Wolf gekommen und hatte
15 das Pferd gefressen. So musste der Mann verärgert
16 zu Fuß nach Schilda laufen.

17 Dort erzählte der Mann dem Bürgermeister und
18 allen Menschen im Ort: „Ich habe für Schilda
19 einen Kuckucksruf-Wettkampf zusammen mit
20 dem Kuckuck gewonnen! Doch dann ist ein Wolf
21 gekommen und der hat mein Pferd gefressen.
22 Ich hätte nun gern ein anderes Pferd."

23 Alle waren sich einig: „Dieser Schildbürger hat
24 den Wettkampf der Kuckucksrufe für uns gewonnen.
25 Wir müssen ihn ehren!", sagten sie. Der Mann
26 erhielt viele Ehrungen und auch ein neues Pferd.

4. Schritt: Nach dem Lesen

✏ **2** Was passierte nacheinander?

a. Lies die Sätze.
b. Ordne die Sätze den Absätzen zu.
c. Schreibe sie in der richtigen Reihenfolge auf.

> Ein Mann ritt nach Schilda und hörte zwei Kuckucke
> um die Wette rufen.

> Der Mann kuckuckte mit dem Kuckuck um die Wette.

> Der Mann erzählte in Schilda von dem Wettkampf.

> Der Mann aus Schilda ging zu Fuß nach Hause.

> Der Mann wurde geehrt und bekam ein anderes Pferd.

Texte überarbeiten: Die Schreibkonferenz

Svenja hat eine Spielanleitung geschrieben.

 1 a. Bildet Dreiergruppen.
b. Lest die Spielanleitung.

1 *Jeder Spieler hat das Ziel, als Erster drei X oder*
2 *drei O in einer Reihe zu machen.*
3 *Zwei Spieler können mitmachen.*
4 *Die Spieler benötigen ein Blatt Papier und zwei Stifte.*
5 *Ein Spieler macht zwei waagerechte und zwei senkrechte Linien.*
6 *Dann kann das Spiel beginnen.*
7 *Der erste Spieler schreibt ein X in ein Kästchen.*
8 *Dann schreibt der zweite Spieler ein O in ein Kästchen.*
9 *Dann machen beide Spieler abwechselnd ein X und*
10 *ein O in die Kästchen.*
11 *Wer zuerst drei Zeichen in eine Reihe geschrieben hat,*
12 *ist der Gewinner.*

Svenja, Sinan und Tom möchten die Spielanleitung gemeinsam in einer Schreibkonferenz überarbeiten.

In der Spielanleitung steht oft das Verb machen.

1 *Jeder Spieler hat das Ziel, als Erster drei X oder*
2 *drei O in einer Reihe zu machen.*
3 *Zwei Spieler können mitmachen.*
4 *Die Spieler benötigen ein Blatt Papier und zwei Stifte.*
5 *Ein Spieler macht zwei waagerechte und zwei senkrechte Linien.*

 2 a. Findet andere Verben für **machen**.
b. Schreibt die neuen Sätze auf.

Sinan findet, dass in der Spielanleitung viele Sätze mit dann beginnen.

6 *Dann kann das Spiel beginnen.*

7 *Der erste Spieler schreibt ein X in ein Kästchen.*

8 *Dann schreibt der zweite Spieler ein O in ein Kästchen.*

9 *Dann machen beide Spieler abwechselnd ein X und*

10 *ein O in die Kästchen.*

 3 Wie kann Svenja die Sätze anders formulieren? Probiert verschiedene Möglichkeiten aus. Schreibt die neuen Sätze auf.

>>> Danach ..., Nun ..., Anschließend ...

Tom möchte der Spielanleitung eine Überschrift geben.

 4 Überlegt euch eine passende Überschrift. Schreibt sie auf.

 5 Schreibe die überarbeitete Spielanleitung in dein Heft. Verwende die Ergebnisse von den Aufgaben 2–4.

Ihr könnt eure eigenen Texte in einer Schreibkonferenz überarbeiten.

⚙️ **Arbeitstechnik**

Eine Schreibkonferenz durchführen

- Einer **liest** seinen **Text vor**. Die anderen **hören** genau **zu**.
  - Was **gefällt** euch **gut**?
  - Was habt ihr **nicht verstanden**?
- **Überarbeitet** gemeinsam den Text, bis er euch gefällt. Überarbeitet zum Beispiel:
  - die **Satzanfänge**
  - die **Verben** (Tunwörter)
  - die **Adjektive** (Wiewörter)
- **Überprüft**, ob alles **richtig geschrieben** ist.
- Schreibt zum Schluss den überarbeiteten Text ordentlich auf.

Gemeinsam planen und arbeiten

Arbeitspläne erleichtern euch die Arbeit.

Die Klasse möchte ein Theaterstück aufführen.
Eine Schülergruppe kümmert sich um die Kostüme.
Gemeinsam schreiben sie einen Arbeitsplan.

Arbeitsplan: Kostüme für das Theaterstück entwerfen und nähen

Die Vorbereitungszeit: 2 Wochen
Die Gruppe: Hülya, Paul, Julia, Ahmed, Yasmin

Was?	Wer?	Bis wann?	Fragen oder Probleme
1. Rollen untersuchen: Welche Rollen gibt es? Wer hat welche Rolle?	Hülya und Paul	Montag	Braucht auch der Erzähler ein Kostüm? die Klasse fragen
2. passende Kostüme zur Rolle überlegen	alle	Dienstag	
3. die Kostüme vorzeichnen	Julia	Mittwoch und Donnerstag	Welche Materialien können wir verwenden?
4. Kleidung sammeln	Ahmed	Donnerstag	Mantel fehlt

1 a. Besprecht den Arbeitsplan.
- Für welche Aufgabe ist der Arbeitsplan geschrieben?
- Welche Überschriften haben die Spalten?
- Wie viel Zeit hat die Gruppe insgesamt?

b. Wieso erleichtert ein Arbeitsplan die Arbeit?
Begründet.

Der Plan ist nicht vollständig. Die Gruppe muss noch Materialien besorgen und die Kostüme gestalten.

2 Entwerft einen Arbeitsplan für die zweite Woche.

    a. Zeichnet eine Tabelle.

    b. Ergänzt die Tabelle. Schreibt Stichworte auf.
- **Was** ist nacheinander zu tun?
- **Wer** soll es tun?
- **Bis wann** soll es getan werden?

→ Eine Tabelle zeichnen:
Seite 278

⟩⟩⟩ Kostüme anprobieren, Kostüme nähen, Kunstlehrer nach Material fragen, Nadel und Faden mitbringen, Stoffreste kaufen

Ihr könnt eine Vorlage für einen Arbeitsplan mit dem PC gestalten.

3 **a.** Öffnet das Schreibprogramm.

    b. Schreibt als Überschrift **Der Arbeitsplan**.

    c. Schreibt in die nächste Zeile **Die Vorbereitungszeit** und darunter **Die Gruppe**.

    d. Speichert den Arbeitsplan.

4 **a.** Legt eine Tabelle am Computer an. Ihr braucht 5 Zeilen und 4 Spalten.

    b. Schreibt in jede Spalte die Überschrift.

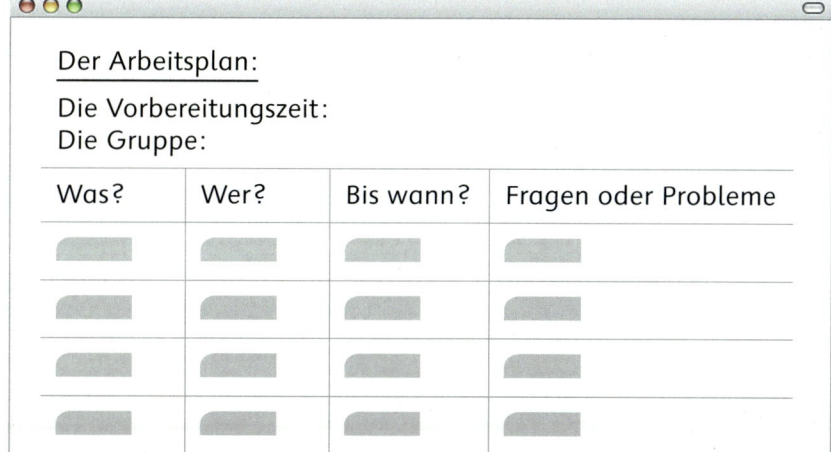

Der Arbeitsplan:

Die Vorbereitungszeit:
Die Gruppe:

Was?	Wer?	Bis wann?	Fragen oder Probleme

5 **a.** Speichert den ganzen Arbeitsplan.

    b. Druckt ihn aus.

Texte planen, schreiben, überarbeiten: Der Schreibprofi

**Meliha möchte zu einer Gartenparty einladen.
Sie hat eine Einladung geschrieben.**

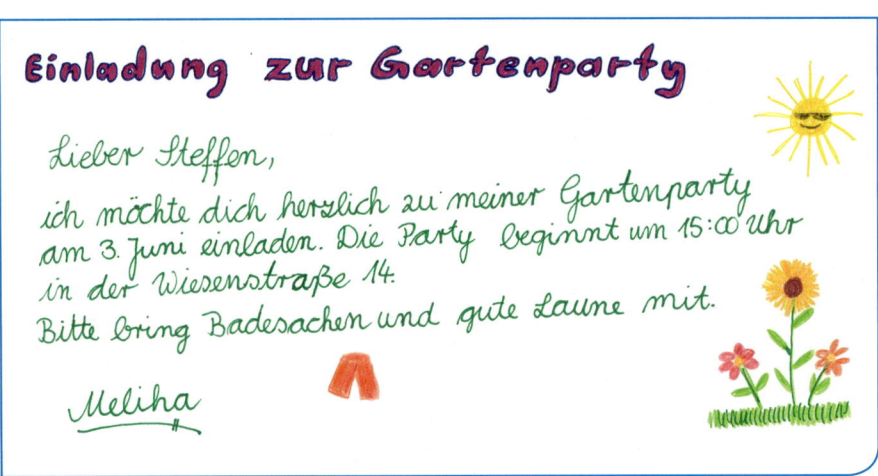

Einladung zur Gartenparty

Lieber Steffen,
ich möchte dich herzlich zu meiner Gartenparty
am 3. Juni einladen. Die Party beginnt um 15:00 Uhr
in der Wiesenstraße 14.
Bitte bring Badesachen und gute Laune mit.

Meliha

 1 **a.** Lies die Einladung von Meliha.
b. Schreibe die Fragen und die Antworten in dein Heft.
- **Wozu** lädt Meliha ein?
- **Wen** lädt Meliha ein?
- **Wann** und **wo** findet die Gartenparty statt?
- **Was** sollen die Gäste mitbringen?

**Ƶ Sinan hat eine Einladung als E-Mail geschrieben.
Aber es fehlen wichtige Informationen.**

Einladung zur Karnevalsparty

1 Ich lade dich herzlich zu meiner Party ein. Die Party findet
2 am Samstag statt. Bringe bitte ein Kostüm mit.

 2 **a.** Lies die Einladung von Sinan.
b. Ergänze die fehlenden Informationen.
Schreibe die Einladung vollständig in dein Heft.

>>> Dein Sinan
um 16 Uhr
Liebe Lara,
in der Hauptstraße 4

**Auch du kannst eine Einladung zu einer Party schreiben.
Beim Schreiben helfen dir die Schritte vom Schreibprofi.**

1. Schritt: Vor dem Schreiben

3 **Für wen** willst du schreiben? Schreibe auf.

4 **Was** willst du schreiben?

    a. Sammle Ideen.
       • **Wozu** möchtest du einladen?
       • **Wen** möchtest du einladen?
       • **Wann** und **wo** soll deine Party stattfinden?
       • **Was** sollen deine Gäste mitbringen?
    b. Schreibe Stichworte auf.

→ Stichworte aufschreiben:
Seite 277

2. Schritt: Beim Schreiben

5 Schreibe nun die Einladung auf ein Blatt.
Verwende deine Stichworte von Aufgabe 4.

Liebe …, Lieber …,				
ich lade	dich	herzlich	zu meiner Party zu meinem Fest	ein.
Die Party Das Fest	findet	am …	bei …	statt.
	beginnt	um … Uhr.		
Bitte	bringe	Badesachen und gute Laune Hausschuhe und eine Taschenlampe		mit.

3. Schritt: Nach dem Schreiben

6 **a.** Kannst du deine Einladung lesen und verstehen?
    b. Überarbeite deine Einladung.

Nun kannst du deine Einladung besonders gestalten.

Kreatives Schreiben

**Hier kannst du Geschichten und Gedichte schreiben.
Die Texte kannst du in der Schreibecke ausstellen,
in eine Mappe heften oder jemandem schenken.**

W 1 Wähle eine Aufgabe auf Seite 210 oder 211 aus.

  Zu einem Bild schreiben

So geht's:
• Wähle ein Bild aus.
• Erfinde eine Geschichte zu dem Bild.

>>> der Stuhl, der Wald,
der Pilz, der Vogel …

befreundet, verzaubert,
erleichtert …

sprechen, warten,
wohnen, lachen …

>>> die Maschine,
das Ungeheuer,
das Tier …

aus dem Meer,
in der Urzeit,
in der Zukunft …

tief, alt, traurig,
einsam …

ertrinken, rufen,
ärgern, jagen …

Ein Buchstaben-Gedicht schreiben

So geht's:
- Wähle ein Wort aus.
- Schreibe die Buchstaben des Wortes untereinander auf.
- Beginne mit jedem Buchstaben einen neuen Vers.
- Gestalte das Blatt.

Ein Dreiecks-Gedicht schreiben

So geht's:
- Überlege dir einen Satz.
- Schreibe den Satz unten auf ein Blatt.
- Lasse in jedem Vers ein Wort weg.
- Schneide das Dreieck aus.
- Ergänze Bilder, Fotos, Zeichnungen.

Wiederholung: Buchstaben und Laute

Lange und kurze Vokale

> **!** A, **e**, **i**, **o**, **u** bringen Wörter zum **Klingen**.
> A, e, i, o, u heißen **Vokale (Selbstlaute)**.
> Die meisten anderen heißen **Konsonanten (Mitlaute)**.

📖 Der Schuppen im Hof

1 Anna und ihr Bruder stehen hinten im Hof.

2 Der Bruder will den Schuppen streichen.

3 Anna schaut zu und bekommt Lust zu helfen.

4 Zuerst darf sie die Pinsel halten. Endlich kann sie

5 auch selbst malen. Der Schuppen wird rot.

 **1** a. Schreibe die Wörter mit den blauen Vokalen in dein Heft.

    b. Sprich dir die Wörter vor. Achte auf die blauen Vokale:

      • Male beim langen Vokal einen Balken in die Luft.

      • Tippe beim kurzen Vokal einen Punkt in die Luft.

    Hof

    Pinsel

Wir können lange und kurze Vokale unterscheiden.

 2 a. Zeichne eine Tabelle in dein Heft.

    b. Ordne die Wörter von Aufgabe 1.

    c. • Kennzeichne die langen Vokale mit einem Strich.

      • Kennzeichne die kurzen Vokale mit einem Punkt.

→ Eine Tabelle zeichnen:
Seite 278

langer Vokal	kurzer Vokal
der Bruder	die Lust
…	…

Nach einem langen oder kurzen Vokal wird unterschiedlich geschrieben.

3 Sieh dir die Tabelle von Aufgabe 2 an:
- Wie viele Konsonanten stehen nach einem langen Vokal?
- Wie viele Konsonanten stehen nach einem kurzen Vokal?

> **Nach** einem **langen Vokal** steht meist nur **ein Konsonant**: **der Bruder**.
>
> **Nach** einem **kurzen Vokal** stehen **zwei** oder **mehr Konsonanten**: **die Lust**.

4 Sprich dir die Wörter vor. Achte auf die blauen Vokale:
- Male beim langen Vokal einen Balken in die Luft.
- Tippe beim kurzen Vokal einen Punkt in die Luft.

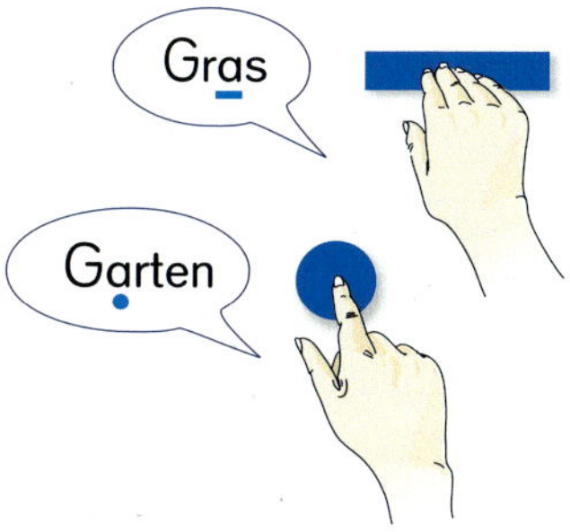

der Garten	das Gras	der Weg
die Garage	der Besen	die Wand
das Dach	das Fenster	der Tisch

5 **a.** Ordne die Wörter in deine Tabelle ein.
b. Kennzeichne die langen Vokale und die kurzen Vokale.

6 **a.** Ergänze in den Lücken passende Wörter aus Aufgabe 4.
b. Schreibe die Sätze in dein Heft.

Wir stellen das Auto in die ___.

Wir reinigen den Hof mit einem ___.

Wir schauen durch das ___ in den Garten.

Im Garten wächst das grüne ___.

Das Essen steht auf dem ___.

Ich hänge ein Bild an die ___.

Mitsprechwörter – Nachdenkwörter – Merkwörter

Wörter mit Doppelkonsonanten

📖 Ein Plakat für den Vortrag

1 Erkan und Lea sollen vor der Klasse einen Vortrag halten.

2 Sie wollen für den Vortrag zusammen ein Plakat gestalten.

3 Zuerst müssen sie Fotos suchen.

4 Die Fotos können sie auf das Plakat kleben.

5 Zwischen den Fotos lassen sie immer etwas Platz.

6 In die Mitte vom Plakat schreiben sie das Thema.

1 Im Text sind Wörter mit Doppelkonsonanten hervorgehoben.

>>> ll, ss, mm, nn, tt

    a. Sprich dir die hervorgehobenen Wörter vor.
    b. Schreibe die Wörter in dein Heft ab.

2 **a.** Sprich und klatsche die Wörter.
    b. Welche Laute werden doppelt gesprochen?

**Doppelkonsonanten können wir hörbar machen,
wenn wir die Wörter klatschen.
Die Wörter werden dann Mitsprechwörter.**

3 Sprich und klatsche auch diese Wörter.

der Sommer	das Zimmer	die Gruppe	die Treppe
der Zettel	der Schlüssel	die Brille	die Nummer
wir sollen	wir wissen	wir stellen	wir rennen
immer	alle	zusammen	besser

4 Schreibe die Wörter in dein Heft ab.
Benutze den Wortprofi für **Mitsprechwörter**.

→ Mitsprechwörter abschreiben: Seite 284

Auch in diesem Text stehen Wörter mit Doppelkonsonanten.

Der Vortrag

1 Das fertige Plakat sieht toll aus.

2 Die anderen Schüler sind ganz still.

3 Lea muss noch einmal tief Luft holen.

4 Erkan prüft schnell die Karteikarten.

5 Dann halten die beiden den Vortrag.

 5 a. Schreibe die blauen Wörter in dein Heft ab.
b. Sprich dir die Wörter vor. Achte auf die Vokale.
c. Wie klingen die Vokale?

Nach einem **kurzen Vokal** stehen oft
2 gleiche Konsonanten.
Wir nennen sie **Doppelkonsonanten**: toll.

Hier reimen sich immer 2 Wörter.

| der Ball | das Bett | wenn | voll | der Knall |
| der Griff | das Fett | toll | denn | das Schiff |

 6 a. Sprich dir die Wörter vor.
b. Finde die Reimpaare. Schreibe sie in dein Heft.

➡ Mitsprechwörter/
Nachdenkwörter
abschreiben: Seite 284

Hier gehören immer 3 Wörter zusammen.

| wir fallen | wir kommen | wir hoffen | er kommt | der Unfall |
| sie hofft | ankommen | die Hoffung | er fällt | |

 7 Finde die Wörter, die zusammengehören.
Schreibe sie in dein Heft.

➡ wir fallen – er fällt – der Unfall, …

Merkwörter mit V/v

📖 Ein Vogelspiel

1 **Vier Vögel** sitzen / auf einem Ast. /

2 Jeder **Vogel** fliegt / einmal weg. /

3 Aber jeder Vogel / kommt zurück. / ▲

4 Nach einer Weile / fliegen die Vögel /

5 zusammen weg. / ●

6 Kein Vogel / kommt zurück. /

7 War das / **vielleicht** / ein **Vogelspiel**? / ■

(35 Wörter)

 **1** **a.** Sprich dir die blauen Wörter vor.
b. Schreibe die Wörter in dein Heft ab.
c. Kreise ein, was sie gemeinsam haben.

 **2** Worauf musst du bei den Wörtern achten?
Ergänze die Lücke. Schreibe in dein Heft.

Wir hören 👂 f, aber schreiben ✏ ▭.

**Wir müssen uns merken, wie die Wörter
geschrieben werden.
Wörter mit V/v sind Merkwörter. ❗**

 3 Schreibe diese Merkwörter in dein Heft ab.
Benutze den Wortprofi für **Merkwörter**.

→ Merkwörter abschreiben:
Seite 285

der Vogel	der Vater	das Veilchen	viel	vor
vielleicht	vier	voll	vom	von

 4 Schreibe den Text **Ein Vogelspiel** in dein Heft ab.
Überlege dir vorher, was du schaffen kannst:
Ich schaffe es ohne Fehler bis zum ▲, ● oder ■.
Benutze den Satzprofi.

→ Sätze abschreiben: Seite 285

Ein Lernplakat für Merkwörter

Eure Merkwörter könnt ihr auf einem Lernplakat sammeln.

W ✐ **5** Jeder schreibt ein Merkwort groß und lesbar
auf eine Karteikarte.
- Schreibt eines von euren eigenen Merkwörtern auf.
- Oder wählt ein anderes Merkwort aus.

>>> das Huhn, die Bahn,
vielleicht, vier,
entdecken, sitzen

AA **6** Überprüft gemeinsam:
- Steht vor allen Nomen der Artikel?
- Sind alle Wortbedeutungen klar?

W ✐ **7** Klärt die Wortbedeutung von unbekannten Wörtern.
- Malt passende Bilder.
- Oder schreibt eine Erklärung auf.

✋ **8** Gestaltet gemeinsam ein Lernplakat.

Ein Lernplakat für Merkwörter

Ihr braucht: ein großes Blatt Papier,
Stifte und Kleber.

So geht's:
- Findet eine passende Überschrift.
  Schreibt sie groß und lesbar auf.
- Ordnet die Wörter nach dem Abc.
- Ergänzt eure Bilder und Worterklärungen.
- Überlegt, wie ihr die Wörter und
  die Bilder anordnen wollt.

Richtig abschreiben

Sätze abschreiben

Richtiges Schreiben kannst du durch Abschreiben lernen.

 Im Dunkeln

1 Max ist traurig. / Sein neuer Computer /

2 startet nicht. / Max und sein Vater prüfen, /

3 ob alle Kabel / richtig angeschlossen sind. /

4 Max kann nichts erkennen. / Es ist zu dunkel. /

5 Sein Vater schlägt vor, / dass Max eine Lampe

6 anmacht. / Aber der Strom / ist ausgefallen. /

7 Da will der Vater / die Lampe im Flur anschalten. /

8 Ob die Idee des Vaters / wohl nützlich war? /

(60 Wörter)

 1 Schreibe mindestens 5 Sätze aus dem Text **Im Dunkeln**
in dein Heft ab. Benutze den Satzprofi.
Schreibe nur in jede zweite Zeile.

 So schreibe ich Sätze ab.

1. Ich lese den ersten Satz.

2. Ich merke mir die Wörter
bis zum Strich genau.

3. Ich decke die Wörter ab.

4. Ich schreibe die Wörter auf.

5. Ich vergleiche.
Ich streiche Fehlerwörter durch.

6. Ich schreibe die Wörter
richtig über die Fehlerwörter.

7. Ich schreibe Teil für Teil so ab.

Das Partnerdiktat

Bei einem Partnerdiktat schreibst du einen Text
mit Hilfe einer Partnerin/eines Partners auf.

 Warnende Tiere

1 Tiere können / ein nahendes Unglück / spüren. /

2 Vor 2000 Jahren / wurde zum Beispiel /

3 eine Stadt / in Griechenland / überschwemmt. /

4 Viele Tiere / entfernten sich / schon fünf Tage /

5 vor dem Unglück / aus der Stadt. /

6 Wissenschaftler suchen / noch immer / Erklärungen /

7 für das Verhalten / der Tiere.   (42 Wörter)

1 a. Lest den Text still.
b. Sprecht über schwierige Wörter.
c. Einigt euch, wer zuerst schreibt und wer diktiert.

2 Schreibt das Partnerdiktat.
Beachtet dabei die Arbeitstechnik.

> ⚙ **Arbeitstechnik**
>
> **Das Partnerdiktat**
>
> **Beim Diktieren:**
> - **Lies** zuerst den ganzen Satz **vor**.
>   Sprich **langsam** und **deutlich**.
> - **Diktiere** dann nacheinander
>   **die Wörter bis zum Strich**.
>
> **Beim Schreiben:**
> - Höre **genau** zu.
> - **Schreibe** die Wörter **auf**.
>   Schreibe nur in jede zweite Zeile.
> - **Kontrolliere**, was du geschrieben hast.
> - **Streiche Fehlerwörter durch.**
>   Schreibe die Wörter **richtig** darüber.

3 Vergleicht gemeinsam den Text mit der Vorlage.

1. Trainingseinheit

 Gemeinsam geht es

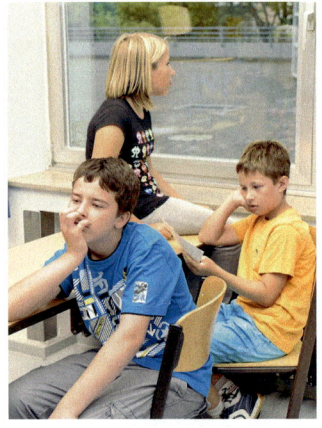

1 Marie, / Tom und Firat / sitzen an einem Tisch. /

2 Die Gruppe soll / einen Vortrag / über die Ritterzeit /

3 vorbereiten. / Doch Marie / sieht aus dem Fenster /

4 und Tom bohrt / in der Nase. / ▲

5 Nur Firat / liest den Text. / Herr Berger zeigt /

6 auf das Plakat / mit den Regeln / und sagt:

7 „Verteilt die Aufgaben." / ●

8 Gemeinsam werden / die Schüler schnell fertig. / ■

(57 Wörter)

 1 Was sollen die Jugendlichen vorbereiten?
Schreibe den Satz in dein Heft ab.

Nomen schreibt man groß.
Oft steht ein Artikel (Begleiter) vor dem Nomen.

 2 Im Text sind Nomen hervorgehoben.

   a. Zeichne eine Tabelle in dein Heft.
   b. Schreibe die hervorgehobenen Nomen
      mit Artikel in der Einzahl und in der Mehrzahl auf.

➡ Eine Tabelle zeichnen:
Seite 278

Einzahl	Mehrzahl
der Tisch	…

⟩⟩⟩ die Fenster
die Plakate
die Nasen
die Texte
die Vorträge
die Tische
die Gruppen

3 In den Sätzen sind einige Nomen kleingeschrieben.
Schreibe die Sätze richtig in dein Heft.

Die lehrerin schreibt die Aufgaben an die tafel.

Die schüler bekommen ein blatt.

Das blatt mit den Lösungen liegt auf dem tisch.

Achtung:
Fehler!

 4 In dem Text steht auch ein zusammengesetztes Nomen:

der Ritter + die Zeit =

    a. Finde das zusammengesetzte Nomen.
    b. Schreibe es mit Artikel in dein Heft.

> Zusammengesetzte Nomen haben immer den Artikel (Begleiter) des **zweiten** Nomens.

 5 Bilde zusammengesetzte Nomen.
    Schreibe sie mit Artikel in dein Heft.

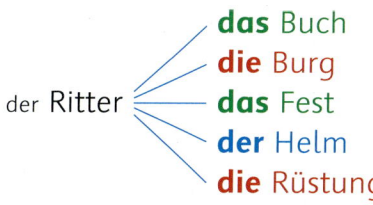

      der Ritter
           das Buch
           die Burg
           das Fest
           der Helm
           die Rüstung

➡ der Ritter + (das) Buch = (das) Ritterbuch

Bei einigen zusammengesetzten Nomen steht ein s zwischen den Nomen.

 6   **a.** Bilde zusammengesetzte Nomen. Denke an das **s**!
       Schreibe in dein Heft.

       der Mittag + die Pause   der Eintritt + die Karte
       das Gespräch + die Regel   die Arbeit + das Heft
       das Glück + der Klee   die Geburt + der Tag

         ➡ die Mittagspause …

    b. Markiere das **s** zwischen den Nomen.

 7 Schreibe den Text **Gemeinsam geht es** in dein Heft ab.   → Sätze abschreiben: Seite 285
    Überlege dir vorher, was du schaffen kannst:
    Ich schaffe es ohne Fehler bis zum ▲, ● oder ■.
    Benutze den Satzprofi.

2. Trainingseinheit

📖 Die Sage vom Riesenstein

1 Vor vielen Jahren / lebten Riesen / bei

2 Großenkneten. / Sie waren / sehr mutig und kräftig. /

3 Auf einmal / bekam ein Riese / Zahnschmerzen. / ▲

4 Die Schmerzen / waren schrecklich. / Ein Backenzahn /

5 tat fürchterlich weh. / Der Riese nahm /

6 einen Baumstamm. / Er bohrte damit /

7 vorsichtig in seinem Zahn. / Da flog ein Stein /

8 aus dem Loch / und landete auf einem Feld. /

9 Der Stein / war riesig. / ●

10 Der Riese / war glücklich. / Der Stein liegt / noch

11 heute dort. / Er ist / als Riesenstein bekannt. / ■

(75 Wörter)

✏️ **1** Wie bohrte der Riese in seinem Zahn?
Schreibe den Satz in dein Heft ab.

✏️ **2** Im Text sind Adjektive mit **-ig** und **-lich** hervorgehoben.

a. Zeichne eine Tabelle in dein Heft.
b. Ordne die Adjektive ein.
c. Markiere alle **-ig** und **-lich**.

→ Eine Tabelle zeichnen: Seite 278

Adjektive mit -ig	Adjektive mit -lich
mutig	…

✏️ **3** a. Ordne auch folgende Adjektive in deine Tabelle ein:

| sportlich | lustig | fertig | rötlich | täglich |
| hungrig | schriftlich | mündlich | mutig | glücklich |

b. Markiere alle **-ig** und **-lich**.

4 **a.** Ergänze passende Adjektive aus deiner Tabelle.
Verlängere dabei die Adjektive.

der  Mann, das ▒▒▒ Wetter, die ▒▒▒ Überraschung
der ▒▒▒ Muskel, die ▒▒▒ Aufgabe, das ▒▒▒ Buch

b. Schreibe die Wortgruppen mit passenden Adjektiven
in dein Heft.

> ➡ der kräftige Mann

**Mit -ig können wir aus Nomen Adjektive bilden:
die Sonne → sonnig. Adjektive werden kleingeschrieben.**

5 Bilde Adjektive mit **-ig**.

der Durst   der Mut   die Neugier
der Schmutz   der Saft   die Schuld

> ➡ der Durst → durstig

**Auch mit -lich können wir aus Nomen Adjektive bilden:
das Glück → glücklich.**

6 Bilde Adjektive mit **-lich**.

der Ärger   der Freund   der Sport
der Sommer   der Mensch   die Schrift

> ➡ der Ärger → ärgerlich

 7 Schreibe den Text **Die Sage vom Riesenstein**
in dein Heft ab.
Überlege dir vorher, was du schaffen kannst:
Ich schaffe es ohne Fehler bis zum ▲, ● oder ■.
Benutze den Satzprofi.

→ Sätze abschreiben: Seite 285

3. Trainingseinheit

📖 **Wo ist Max?**

1 Die Aufregung / beim Schulfest / ist groß. /

2 Der Chor soll / die Gäste begrüßen. /

3 Aber Max fehlt! / 🔺

4 Die Schüler / beraten sich. / „Könnt ihr /

5 das Verhalten von Max verstehen?", / fragt Tom. /

6 „Er hat bestimmt verschlafen", / antwortet Ben. /

7 „Wir singen ohne ihn", / beschließt Simone. / 🔵

8 Sie laufen zur Bühne. / Da ruft jemand: /

9 „Halt, wartet!" / Es ist Max. /

10 Er hatte / den Bus verpasst. / 🟦 (60 Wörter)

✏️ **1** Was soll der Chor machen?
Schreibe den Satz in dein Heft ab.

✏️ **2** Im Text sind Verben mit **ver-** und **be-** hervorgehoben.

    a. Schreibe die Verben mit **ver-** und **be-** in dein Heft ab.
    b. Schreibe sie noch einmal ohne **ver-** und **be-** auf.
    c. Was fällt dir auf?

Mit ver- und be- können wir neue Verben bilden.
Aber: suchen ist etwas anderes als versuchen und besuchen.

✏️ **3** **a.** Welches Verb passt: **suchen, versuchen, besuchen**?
    Ergänze die Sätze.

    1 Viele Gäste ▬▬ das Schulfest.

    2 Max fehlt! Die Schüler ▬▬ ihn.

    3 Sie wollen ▬▬, ohne Max zu singen.

    b. Schreibe die Sätze in dein Heft.
    c. Markiere **ver-** und **be-**.

Die Schüler unterhalten sich.

 4 a. Sieh dir das Bild an.
b. Überlege, wer was sagen könnte.

Könnt ihr das Verhalten von Max verstehen?

Max hat bestimmt verschlafen.

Wir singen ohne ihn.

Halt, wartet!

Wir können in einem Text zeigen, wann jemand etwas sagt.
Wir schreiben dann wörtliche Rede:
Ben sagt: „Max hat bestimmt verschlafen."

 5 a. Schreibe die Sätze in dein Heft ab.
b. Markiere die wörtliche Rede.

¹ **Tom fragt: „Könnt ihr das Verhalten von Max verstehen?"**

² **Ben antwortet: „Max hat bestimmt verschlafen."**

³ **Hakan fragt: „Was machen wir jetzt?"**

⁴ **Simone beschließt: „Wir singen ohne ihn."**

⁵ **Max ruft: „Halt, wartet!"**

⁶ **Ben sagt: „Schön, dass du da bist."**

 6 Schreibe den Text **Wo ist Max?** in dein Heft ab.
Überlege dir vorher, was du schaffen kannst:
Ich schaffe es ohne Fehler bis zum ▲, ● oder ■.
Benutze den Satzprofi.

→ Sätze abschreiben: Seite 285

4. Trainingseinheit

 So ein Pech

1 Marie und Peter / besuchen / einen Malerbetrieb. /

2 Sie dürfen Tapeten / <u>aussuchen, zuschneiden, /</u>

3 <u>einkleistern und ankleben</u>. / ▲

4 Plötzlich / löst sich / eine Tapete. / Peter / steht /

5 im Weg. / Die Tapete / klebt / an <u>seinem Pullover,</u>

6 <u>seiner Hose / und seinen Haaren</u>. / Dann tritt Peter /

7 auch noch in den Eimer / mit Kleister. / ●

8 <u>Die Hose, der Schuh / und der Strumpf</u> von Peter /

9 sind voll / mit dem Kleister. / ■   (61 Wörter)

 **1** Was dürfen Marie und Peter tun?
Schreibe den Satz in dein Heft ab.

 **2** Im Text sind Aufzählungen unterstrichen.

    a. Schreibe die Aufzählungen ab.
    b. Markiere die Kommas mit einem Pfeil.
    c. Kreise **und** ein.

➡ aussuchen,↓ zuschneiden,↓ einkleistern (und) ankleben

❗ Die Teile einer Aufzählung werden durch Komma getrennt. Vor **und** steht kein Komma.

 **3** Welche Gegenstände braucht ein Maler noch?
Bilde Sätze. Zähle dabei die Nomen auf.
Schreibe in dein Heft.

➡ Der Maler braucht …

››› die Malerbürste,
den Tapeziertisch,
den Farbroller,
die Klebemasse,
die Schablone,
den Spachtel …

Diese Gegenstände passen zu verschiedenen Berufen.

>>> die Schere, der Kamm,
der Föhn, das Haargel,
die Schüssel,
die Pfanne, das Messer,
der Pinsel, der Eimer,
die Leiter, die Schaufel,
der Rechen

 4 Ordne die Gegenstände den Berufen zu.
Schreibe in dein Heft.

➡ Der Frisör: die Schere, ...

>>> der Frisör
die Köchin
der Gärtner
die Malerin

Nomen können wir aufzählen.

 5 **a.** Bilde Sätze zu den Berufen. Zähle dabei die Nomen auf.
Schreibe in dein Heft.
b. Markiere die Kommas mit einem Pfeil.
c. Kreise **und** ein.

➡ Der Frisör braucht die Schere, ⬜ und ⬜ .

Auch Verben können wir aufzählen.

 6 Wer muss was in seinem Beruf machen?
Bilde Sätze. Zähle dabei die Verben auf.
Schreibe in dein Heft.

>>> rühren, föhnen,
bedienen, mischen,
kassieren, schneiden,
servieren, verkaufen,
pflegen, ...

➡ Der Frisör muss waschen, schneiden und färben.

 7 Schreibe den Text **So ein Pech** in dein Heft ab.
Überlege dir vorher, was du schaffen kannst:
Ich schaffe es ohne Fehler bis zum ▲, ⬤ oder ◼.
Benutze den Satzprofi.

➜ Sätze abschreiben: Seite 285

5. Trainingseinheit

📖 Der Löwe und die Maus

1 Ein Löwe lag / unter einem Baum / und schlief. /

2 Eine Maus / kletterte / auf sein Gesicht. /

3 Der Löwe / wachte auf / und fing / die Maus. /

4 Die Maus / versprach ängstlich: /

5 „Bitte, lass mich frei. / Du kannst / meine Hilfe /

6 vielleicht / mal brauchen." / ▲

7 Bald wurde / der Löwe / gefangen. / Die Jäger /

8 banden / den Löwen mit Seilen / an kräftige

9 Bäume. / ●

10 „Ich halte / mein Versprechen", / rief die Maus. /

11 Dann kamen / viele Mäuse. / Sie nagten / an den

12 Seilen, / bis der Löwe / wieder frei war. / ■ (79 Wörter)

---

 1 Was machten die Jäger?
Schreibe den Satz in dein Heft ab.

 2 Im Text sind Wörter mit **ä** und **äu** hervorgehoben.

    a. Lies die hervorgehobenen Wörter.
    b. Schreibe die Wörter in dein Heft ab.
       Benutze den Wortprofi für **Nachdenkwörter**.
       Achte besonders auf die Schritte 1, 3 und 6.

➜ Nachdenkwörter
abschreiben: Seite 284

1. Ich lese das Wort **ängstlich**.

3. Ich denke nach 💬 und **erkläre**,
wie ich das Wort schreiben muss.
Ich suche ein verwandtes Wort.

6. Ich schreibe in Klammern die **Erklärung**:
ängstlich (➜ die Angst)

3 Schreibe auch diese Nachdenkwörter in den Heft ab.
Benutze den Wortprofi für **Nachdenkwörter**.

→ Nachdenkwörter
abschreiben: Seite 284

die Räder	die Dächer	die Äpfel	die Bälle
die Hände	die Gäste	die Bäuche	die Bäuerin
die Sträuße	die Häuser	die Räuber	der Verkäufer

➡ die Räder → das Rad
die Bäuche → der Bauch

4 Ergänze die passenden Adjektive.

älter kommt von ▭   länger kommt von ▭
stärker kommt von ▭   kälter kommt von ▭
wärmer kommt von ▭   härter kommt von ▭

5 Schreibe diese **Nachdenkwörter** in dein Heft ab.
Benutze den Wortprofi für Nachdenkwörter.

→ Nachdenkwörter
abschreiben: Seite 284

älter   kälter   länger   stärker   wärmer   härter

➡ älter → alt

6 a. Wähle aus Aufgabe 3 oder 5 vier Nachdenkwörter aus.
b. Bilde Sätze. Verwende die Nachdenkwörter und
die verwandten Wörter.

➡ Marc und Peter haben zwei Räder.
Das Rad von Marc ist kaputt.

7 Schreibe den Text **Der Löwe und die Maus**
in dein Heft ab.
Überlege dir vorher, was du schaffen kannst:
Ich schaffe es ohne Fehler bis zum ▲, ● oder ■.
Benutze den Satzprofi.

→ Sätze abschreiben: Seite 285

Arbeitstechniken

Das Alphabet üben

**Mit den folgenden Übungen kannst du
das Alphabet (Abc) üben.**

Wörter sortieren

 1 **a.** Schreibe die folgenden Wörter auf Karteikarten.

zerreißen	der Fisch	erkennen	vorsichtig
erschrecken	vielleicht	das Frühstück	die Verletzung
stürzen	der Finger	schrecklich	die Idee

b. Markiere den ersten, zweiten und dritten Buchstaben.
c. Ordne die Wörter nach dem Abc.
d. Schreibe die Wörter nach dem Abc in dein Heft.

Das Alphabet (Abc) der Vornamen

 2 **a.** Schreibt das Abc untereinander auf.
b. Schreibt zu jedem Buchstaben einen Vornamen auf.
Das X und das Y dürft ihr auslassen.
c. Unterstreicht die Vornamen,
die in eurer Klasse vorkommen.

A   Angelika
B   Britta
C

Geheimschrift mit Zahlen

 3 Mit einem Trick könnt ihr jede Nachricht verschlüsseln.
• Schreibt das Abc auf ein Blatt.
• Schreibt unter die Buchstaben die Zahlen von 1 bis 26.
• Schreibt eure Nachrichten. Ersetzt jeden Buchstaben
durch die Zahl, die darunter steht.
• Tauscht eure Nachrichten aus. Ersetzt jede Zahl
durch den entsprechenden Buchstaben.

A	B	C	D	E
1	2	3	4	5

Wörter nachschlagen

Tina schreibt auf, welche Dinge im Klassenraum sind. Bei einigen zusammengesetzten Nomen ist sie sich nicht sicher. Diese zusammengesetzten Nomen findet sie nicht in der Wörterliste.

die Schülergruppe, der Lehrerstuhl, das Bücherregal,
der Computertisch, der Tafellappen

 1 Wie findet Tina die zusammengesetzten Nomen in der Wörterliste? Vermutet.

Bei zusammengesetzten Nomen können wir jedes Nomen einzeln nachschlagen.

 2 a. Zerlegt alle zusammengesetzten Nomen.
b. Schlagt die einzelnen Nomen in der Wörterliste nach. → Wörterliste: Seite 290–300
c. Schreibt die Nomen so in euer Heft:

> ➡ die Schülergruppe: der Schüler (Seite 298, Spalte 2)
> die Gruppe (Seite 294, Spalte 1)

Ihr könnt auch Wörter in anderen Sprachen nachschlagen.

3 Was bedeuten die englischen Wörter?
Schlagt in einem Wörterbuch nach.

the teacher	the bag	the book
the pencil	the student	the break

Training mit Wörterlisten

**Manche Wörter sind nicht leicht zu schreiben.
Du kannst sie mit Wörterlisten üben.**

W 1 **a.** Welche Wörter möchtest du üben?
b. Wähle eine Wörterliste aus.

1

Im Dunkeln

→ Sätze abschreiben
S. 218

der Computer

der Vater

prüfen

erkennen

die Lampe

der Strom

der Flur

nützlich

2

Warnende Tiere

→ Partnerdiktat
S. 219

das Unglück

die Stadt

das Jahr

das Tier

das Verhalten

immer

können

suchen

3

Großschreibung von Nomen

→ 1. Trainingseinheit
S. 220

der Tisch – die Tische

die Gruppe – die Gruppen

der Vortrag – die Vorträge

das Fenster – die Fenster

die Nase – die Nasen

das Plakat – die Plakate

der Text – die Texte

4

Adjektive mit -ig, -lich

→ 2. Trainingseinheit
S. 222

mutig

schrecklich

glücklich

kräftig

vorsichtig

fürchterlich

riesig

täglich

5

Verben mit ver- und be-

→ 3. Trainingseinheit
S. 224

beschließen

begrüßen

sich beraten

besuchen

verstehen

versuchen

verpassen – er verpasst

verschlafen

6

Wörter mit ä und äu

→ 5. Trainingseinheit
S. 228/229

ängstlich – die Angst

die Bäume – der Baum

die Mäuse – die Maus

die Räder – das Rad

die Hände – die Hand

länger – lang

stärker – stark

kräftig – die Kraft

**Du kannst die Wörterlisten allein oder
mit einer Partnerin/einem Partner üben.**

Wähle eine Übung aus.

Abschreiben

Schreibe die Wörter in dein Heft ab.
Benutze die Wortprofis.

➜ Wörter abschreiben:
Seite 284/285

Ordnen

a. Ordne die Wörter nach dem Abc.
b. Schreibe sie auf.

Sätze bilden

a. Schreibe die Wörter in dein Heft ab.
b. Bilde mit jedem Wort einen Satz.
   Schreibe ihn auf.

➜ Wörter abschreiben:
Seite 284/285

Merken

a. Lies dir die Wörter vor.
b. Merke dir die Wörter.
c. Schreibe die Wörter auswendig auf.
d. Kontrolliere, was du geschrieben hast.
e. Streiche Fehlerwörter durch. Schreibe sie richtig darüber.

Diktieren

a. Suche eine Partnerin/einen Partner.
b. Lasse dir die Wörter diktieren.
c. Kontrolliere, was du geschrieben hast.
d. Streiche Fehlerwörter durch. Schreibe sie richtig darüber.

**Du kannst aus deinen Fehlerwörtern
eigene Wörterlisten schreiben und die Wörter üben.**

Das Dosendiktat

Beim Dosendiktat merkst du dir mehrere Wörter
oder kurze Sätze. Das Dosendiktat kannst du
mit dem folgenden Text ausprobieren.

📖 Ein bunter Sommerstrauß

1 Im Juni / ist es / oft heiß. /

2 Es blühen / viele Blumen / im Garten. /

3 Lisa pflückt / einen großen Strauß. /

4 Der Blumenstrauß / ist sehr schön. /

5 Lisa schenkt ihn / der Nachbarin. /

6 Die Nachbarin / freut sich sehr. /

7 Sie stellt / den Strauß / auf den Tisch /

8 im Wohnzimmer. /   (44 Wörter)

 1 Schreibe das Dosendiktat.
Beachte dabei die Arbeitstechnik.

⚙ Arbeitstechnik

Das Dosendiktat

- **Schreibe jeden Satz auf einen Papierstreifen.**
- **Nummeriere** die Streifen.
- **Lege** sie in der **richtigen Reihenfolge auf** den **Tisch**.

- **Präge** dir den **Satz auf** dem **ersten Streifen ein.**
- **Stecke** den **Streifen in** die **Dose.**
- **Schreibe** den **Satz aus** dem **Gedächtnis auf.**
  Schreibe nur in jede zweite Zeile.
- Mache es mit den anderen Streifen genauso.

- **Kontrolliere**, was du geschrieben hast.
- **Streiche Fehlerwörter durch.**
  Schreibe die Wörter richtig darüber.

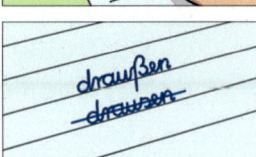

 2 Vergleiche deinen Text mit der Vorlage.

Das Laufdiktat

Bei einem Laufdiktat läufst du zwischen dem Text und deinem Heft hin und her.

 **Am Abend**

1 Am Abend / trifft Paul / seinen Freund Ahmet. /

2 Sie laufen / den schmalen Weg / zum Strand. /

3 Sie setzen sich / in einen Strandkorb. /

4 Der Mond scheint hell. /

5 Plötzlich entdeckt Paul / im Wasser eine Flasche. /

(33 Wörter)

 1 Schreibe das Laufdiktat.
Beachte dabei die Arbeitstechnik.

⚙ **Arbeitstechnik**

Das Laufdiktat

- **Lies** den Text **sorgfältig** und in Ruhe.
- **Lege** den Text weit **entfernt** ab, z. B. auf einen Tisch.

- Gehe leise zu dem Tisch.
- **Merke** dir die Wörter bis zum Strich.
- Gehe mit den Wörtern im Kopf zurück zu deinem Platz.
- **Schreibe** die Wörter **auf**.
  Schreibe nur in jede zweite Zeile.
- Gehe so oft hin und her, bis der ganze Text
  in deinem Heft steht.

- **Kontrolliere**, was du geschrieben hast.
- **Streiche Fehlerwörter durch.**
  Schreibe die Wörter **richtig** darüber.

---

 2 Vergleiche deinen Text mit der Vorlage.

Wortarten wiederholen

Nomen und Artikel

**Katja und Marvin sind auf dem Flohmarkt.
Sie suchen Kostüme für ihre Theateraufführung.**

Sieh mal, eine Weste!

Die Weste ist genau richtig für uns!

1 Sieh dir das Bild an.
Was entdecken Katja und Marvin auf dem Flohmarkt?
Schreibe einen Satz in dein Heft.

➡ Katja und Marvin entdecken eine …

2 Zwei Wörter sind rot geschrieben.
Überlegt gemeinsam:
Wann brauchen wir **eine** und wann brauchen wir **die**?

**Wir sagen ein, eine, wenn wir ein Lebewesen oder
einen Gegenstand nicht genau kennen: eine Weste.
Wir sagen der, das, die, wenn wir das Lebewesen oder
den Gegenstand genau kennen: die Weste für uns.**

3 Welche Kleidungsstücke sind noch auf dem Bild
auf Seite 248 zu sehen?
Schreibe die Nomen mit den Artikeln in dein Heft.

der Hut – ein Hut	das Tuch – ein Tuch	die Hose – eine ▓▓▓
der Rock – ▓▓▓	das Kleid – ▓▓▓	die Weste – ▓▓▓
der Stiefel – ▓▓▓	das Hemd – ▓▓▓	die Bluse – ▓▓▓

Katja und Marvin wählen ein Kostüm aus.

4 Für wen haben sie das Kostüm ausgewählt?
Schreibe einen Satz in dein Heft.

5 a. Zeichne eine Tabelle in dein Heft.
b. Schreibe die Nomen mit Artikel in dein Heft.
c. Markiere den ersten Buchstaben von jedem Nomen.

→ Eine Tabelle zeichnen:
Seite 278

der	das	die
der Mantel	…	…

! **Nomen (Namenwörter)** schreiben wir immer **groß**.
Zu den Nomen gehört meist ein **Artikel (Begleiter)**:
der, das, die.

Verben benutzen, Verben verändern

Die Klasse probt für das Theaterstück.

1 Was tun die Jugendlichen?
Schreibe Sätze in dein Heft.

》》 den Baum schieben,
auf dem Boden sitzen,
auf die Bühne gehen,
auf der Bühne stehen,
ein Buch lesen …

2 a. Schreibe alle Verben mit **ich**, **du**, **er/sie**, **wir** und
sie in dein Heft.
b. Markiere rot, was gleich bleibt.
c. Markiere blau, was sich verändert.

**Verben können wir mit ich, du, er/sie, wir und sie
verbinden. Dann verändern sich die Verben.**

3 a. Was könnten die Jugendlichen auf der Bühne noch tun?
Sammelt Verben.
b. Schreibt in euer Heft.

Mit Adjektiven beschreiben

Heute tragen alle zum ersten Mal ihre Kostüme.

 1 **a.** Beschreibe die Kostüme mit passenden Adjektiven.
Schreibe Sätze in dein Heft.
b. Markiere die Adjektive.

 **Adjektive (Wiewörter)** sagen, **wie** etwas ist:

schnell, groß.

Zwischen den Artikel und das Nomen passt ein Adjektiv.
das weiße Hemd

 2 Welche Kostüme tragen die Jugendlichen?
Bilde Sätze. Schreibe in dein Heft.

Alina Nico Yasmin Rocco	trägt	den	schwarzen kurzen	Mantel. Rock.
		das	gepunktete weiße lange	Kleid. Tuch. Hemd.
		die	gestreifte rote kleine kurze	Fliege. Hose. Bluse.

Verben verwenden

Was wir gerade tun

 **Herr Müller bereitet mit der Klasse 6 ein Fußballturnier in der Schule vor:**

1 Boris und Celina verteilen die Stühle.
2 Tarek und Sven legen die Trikots in die Umkleidekabine.
3 Nadine und Fabian bringen die Tore in die Sporthalle.
4 Sarah und Ikbal holen die Fußbälle aus dem Geräteraum.
5 Herr Müller und Nino kaufen Getränke.

In jedem Satz steht ein Verb.

 1 Was tun die Schüler?
Schreibe die Verben in dein Heft.

 sie verteilen, …

 **Am Tag des Turniers muss Herr Müller vieles selbst erledigen.**

1 Herr Müller schreibt den Turnierplan und
2 bringt die Pokale in die Turnhalle.
3 Er spricht auch mit dem Schiedsrichter.
4 Außerdem notiert Herr Müller
5 die Ergebnisse in einer Tabelle.

2 Was tut Herr Müller? Schreibe die Verben in dein Heft.

 er schreibt, …

> **!** Wenn wir ausdrücken wollen, **was gerade passiert** oder **was wir gerade tun / machen**, benutzen wir Verben im **Präsens**: es regnet, er fährt.

 Was tut Herr Müller noch? Was tut der Schiedsrichter noch?
Schreibe Sätze in dein Heft.
Wähle aus:
• Verwende die Satzschalttafel.
• Oder bilde eigene Sätze.

Herr Müller Er	erklärt	den Schülern den Klassenlehrern	den Turnierplan. die Regeln.
	begrüßt	die Zuschauer. den Direktor.	
Der Schiedsrichter Er	kontrolliert	die Schuhe	der Schüler.
	hat hält	die rote und gelbe Karte die Pfeife	in seiner Tasche. in der Hand.

Die Zuschauer verfolgen das Turnier auf der Tribüne.

 4 Was machen die Zuschauer?
Schreibe Sätze in dein Heft.

 Die Zuschauer klatschen bei einem Tor.

》》》 sie klatschen, sie trinken,
sie lachen, sie rufen …

Mündlich erzählen im Perfekt

Beim Fußballturnier haben sich Joel und Lorenzo verletzt.

 1 Was ist geschehen? Erzählt.
Die folgenden Sätze helfen euch.

> Dabei hat Lorenzo Joel am Kopf getroffen.

> Lorenzo und Joel sind zum Ball gelaufen.

> Daniel hat den Ball in den Strafraum geschossen.

> Dann ist Joels Brille auf den Boden gefallen.

> Beide sind gleichzeitig hochgesprungen.

✎ **2** Schreibe die Sätze in der richtigen Reihenfolge in dein Heft.

 Nina und Denis waren Zuschauer beim Turnier.
Sie haben den Unfall gesehen. Nina erzählt:

1 „Beide Mannschaften haben gut gespielt.

2 Noah hat einen Freistoß getreten.

3 Aber der Torwart hat den Ball gehalten.

4 Dann hat Daniel den Ball in den Strafraum geschossen.

5 Alle Zuschauer haben gejubelt."

 3 Der Lehrer fragt Nina: Was hast du beobachtet?

a. Stelle Fragen und beantworte sie.
b. Schreibe die Antworten in dein Heft.
c. Markiere die Verben.

>>> ich habe
du hast
er/sie hat
wir haben
ihr habt
sie haben

 Was haben die Mannschaften gemacht?
Sie haben gut gespielt.

 Dann erzählt Denis vom Unfall:

1 „Lorenzo und Joel sind zum Ball gelaufen.

2 Joel ist schneller als Lorenzo gewesen.

3 Beide sind gleichzeitig hochgesprungen.

4 Dann ist Joels Brille auf den Boden gefallen."

 4 Der Lehrer fragt Denis: Was hast du beobachtet?

a. Stelle Fragen und beantworte sie.
b. Schreibe die Antworten in dein Heft.
c. Markiere die Verben.

>>> ich bin
du bist
er/sie ist
wir sind
ihr seid
sie sind

 Was haben Lorenzo und Joel gemacht?
Sie sind zum Ball gelaufen.

Wenn wir **über Vergangenes mündlich erzählen**,
benutzen wir Verben im **Perfekt**: er ist gekommen.

Über Vergangenes schreiben

**Nina hat noch ein anderes Fußballturnier beobachtet.
Sie hat einen Bericht für die Schülerzeitung geschrieben.**

 Ein verrückter Tag

1 Vor einer Woche machte unsere Partner-Schule

2 ein Fußballturnier.

3 Hakan spielte in der Mannschaft von Micha.

4 Hakan probierte viele Tricks mit dem Ball.

5 Er bremste den Ball in der Luft.

6 Er drehte den Ball unter den Füßen und

7 täuschte die anderen Spieler.

8 Hakan suchte eine Lücke zwischen den Gegnern.

9 Er schaute genau auf das Tor.

10 Aber der Ball rollte immer wieder am Tor vorbei.

1 Was passierte an dem verrückten Tag?
Schreibe alle Verben in dein Heft.

> sie machte, er spielte, …

 Wenn wir **über Vergangenes schreiben**,
benutzen wir Verben im **Präterium**: er machte.

2 Diese Verben sagen, was wir heute tun (Präsens).

er braucht	er holt	er sagt	er kauft
er wohnt	er baut	er lacht	er erklärt
er zahlt	er meint	er erzählt	er überlegt

a. Bilde die Verben in der Vergangenheit (Präteritum).
b. Schreibe die Paare in dein Heft.

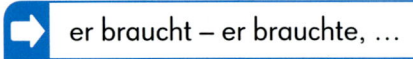

> er braucht – er brauchte, …

Auch Hakan und Micha waren beim Fußballturnier.

W ✎ **3** Was erlebten Hakan und Micha?

    a. Schreibe Sätze in dein Heft.
       Wähle aus:
         • Verwende die Satzschalttafel.
         • Oder bilde eigene Sätze.
    b. Markiere die Verben.

Ich Hakan Micha Sabrina	suchte holte	das Trikot. die Sporthose. die Fußballschuhe. die Sporttasche. die Trinkflasche.
	kaufte bezahlte verkaufte	die Brezeln. die Getränke. die Eintrittskarten.
Wir Boris und Jens	lachten jubelten tanzten	vor jedem Spiel. in jeder Pause. bei jedem Tor.

Z **Beim Fußballturnier passierte noch mehr.**

》》》 der Trainer,
die Spieler,
die Strümpfe,
die Fußballschuhe,
die Trinkflasche,
das Spielfeld,

zeigen, wechseln,
sagen, holen, reichen,
suchen, schauen, …

✎ **4** Was passierte noch? Schreibe Sätze in dein Heft.

Adjektive verwenden

Mit Adjektiven beschreiben

Auf dem Markt gibt es viele Waren zu kaufen.

1 Sieh dir die Bilder an.

2 **Wie** sind die Waren?

    a. Wähle vier Waren aus.
    b. Beschreibe die Waren mit passenden Adjektiven.
       Schreibe Sätze in dein Heft.

> Der Apfel ist …
> Die Schale ist …

>>> frisch, groß, saftig, scharf, braun, glatt, grün …
>
> die Schale, die Form, das Fell, die Federn, der Stiel, die Farbe …

! **Adjektive (Wiewörter)** sagen, **wie** etwas ist:

frisch, groß.

Josef soll folgende Waren einkaufen:

> *einen frischen Blumenkohl*
> *ein kleines Huhn*
> *eine saftige Gurke*

3 Was soll Josef kaufen?

  a. Schreibe drei Sätze in dein Heft.
  b. Markiere die Artikel und die Endungen
     der Adjektive farbig.

➡ Josef soll einen frischen Blumenkohl kaufen. …

Josef geht zum Markt. Dort gibt es viele Waren zu kaufen.

4 Welche Waren kann Josef noch kaufen?
Bilde sechs Sätze. Schreibe in dein Heft.

		einen	frischen großen kleinen	Fisch Salat Apfel	
Josef Er	kann	ein	frisches weißes	Ei	kaufen.
		eine	gelbe grüne rote	Paprika	

Verschiedene Personen bieten auf dem Markt ihre Waren an.

 5 Wer verkauft auf dem Markt seine Waren?
Beschreibe die Personen. Schreibe in dein Heft.

der ▨▨▨ Fischhändler
der ▨▨▨ Käsehändler
das ▨▨▨ Mädchen
die ▨▨▨ Bäuerin
die ▨▨▨ Marktfrau

>>> dünn
fleißig
fröhlich
groß
klein

➡ der dünne Fischhändler, …

 6 Wem gehören welche Dinge?
Bilde sechs Sätze. Schreibe in dein Heft.

Der Fisch Der Käse		dem	dünnen großen kleinen	Fischhändler. Käsehändler.
Die Jacke Die Tasche	gehört	dem	fröhlichen kleinen dünnen	Mädchen. Kind.
Das Obst Die Schürze		der	großen fleißigen fröhlichen	Marktfrau. Obsthändlerin.

Mit Adjektiven vergleichen

Mit Adjektiven (Wiewörtern) können wir vergleichen.

 1 a. Seht euch die Bilder an.

    b. • Welche Frucht ist so groß wie der Apfel?

       • Welche Frucht ist größer als die Banane?

       • Welche Frucht ist am größten?

    c. Stellt weitere Fragen und beantwortet sie.

> … ist so groß wie …

> … ist größer als …

> … ist am größten.

Nun weißt du, welche Früchte größer oder kleiner als andere sind.

 2 Ergänze die Sätze. Schreibe in dein Heft.

Die Wassermelone ist ____ .

Der Apfel ist ____ **die Birne.**

Die Pflaume ist ____ .

Die Orange ist ____ **die Pflaume.**

Die Banane ist ____ **die Wassermelone.**

>>> so groß wie
größer als
kleiner als
am größten
am kleinsten

! Mit **Adjektiven** können wir Menschen, Tiere, Gegenstände **vergleichen**.

Der Apfel ist **so groß wie** die Birne.
Die Orange ist **größer als** der Apfel.
Die Wassermelone ist **am größten**.

Präpositionen verwenden

Wohin?

Marcel dekoriert für seine Party.

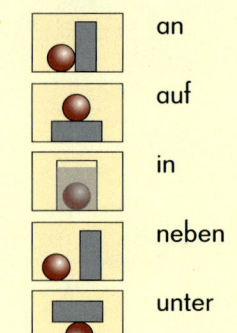

	an
	auf
	in
	neben
	unter

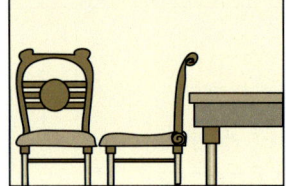

1 **Wohin** legt / stellt / hängt Marcel die Gegenstände?
Schreibe Sätze in dein Heft.

Marcel Er	legt	die Muscheln	in an	das Planschbecken.
		die Spiele die Kissen	auf neben	den Tisch. das Sofa.
	stellt	die Gläser die Pflanzen	auf unter	den Tisch. das Fensterbrett.
		die Stühle	an neben	den Tisch. das Sofa.
	hängt	die Papierblumen die Blumenketten	in an	die Tür. das Regal.

➡ Marcel stellt die Gläser auf den Tisch. Er …

Aus an das kann ans werden, aus in das kann ins werden.

 2 **a.** Bilde 2 Sätze mit ans und 2 Sätze mit ins.
b. Schreibe die Sätze in dein Heft.

Wo?

Das ist der Raum nach der Party.

✏️ **1** **Wo** liegen/stehen/hängen die Gegenstände?
Schreibe in dein Heft, was du siehst.

Die Spiele Die Kissen Die Blumenketten Die Muscheln	liegen	unter auf neben	dem Sofa. dem Stuhl. der Tür. dem Tisch.
Die Gläser Die Teller Die Stühle	stehen	in auf neben	dem Boden. dem Regal. dem Planschbecken.
Die Blumenketten Die Papierblumen	hängen	an	dem Regal. der Tür.

Aus an dem kann am werden, aus in dem kann im werden.

Z ✏️ **2** **a.** Bilde 2 Sätze mit am und 2 Sätze mit im.
b. Schreibe die Sätze in dein Heft.

> ❗ Mit Präpositionen kannst du ausdrücken,
> **wo** etwas ist oder **wohin** etwas kommt:
>
> **Wohin?** Marcel hängt die Blumenketten **an die** Tür.
> **Wo?** Die Teller stehen **in dem** Regal.

Satzglieder verwenden

Das Subjekt und das Prädikat

Cem erzählt Fabian vom Jugendklub:

1 „Moritz isst einen Apfel.
2 Julka und Ayla zeichnen.
3 Alexej zeigt Cem sein Schachbrett.
4 Louisa füttert die Fische."

Fabian hat nicht alles verstanden. Er fragt nach.

 1 a. Stelle die Fragen und beantworte sie.   Wer isst einen Apfel?
b. Schreibe die Fragen und Antworten in dein Heft.

c. Markiere Wer? und die Antwort.

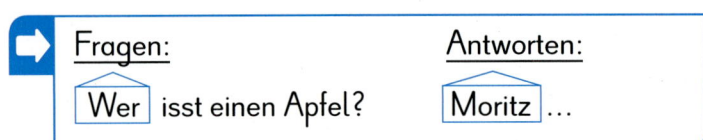

Fragen: Antworten:

Wer isst einen Apfel?   Moritz …

Fabian hat weitere Fragen.

 2 a. Stelle die Fragen und beantworte sie.   Was tut Moritz?
b. Schreibe die Fragen und Antworten in dein Heft.
c. Markiere Was tut? und die Antwort.

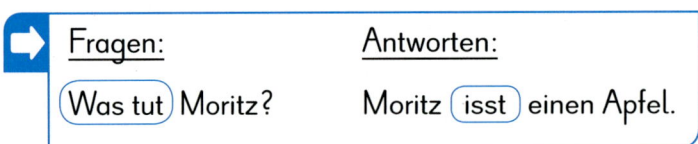

Fragen: Antworten:

Was tut Moritz?   Moritz isst einen Apfel.

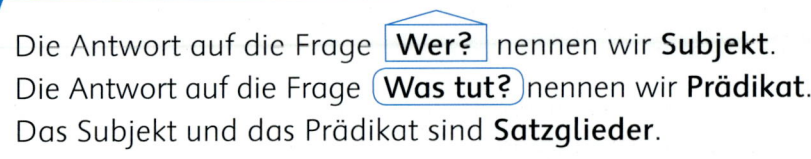

Die Antwort auf die Frage Wer? nennen wir **Subjekt**.
Die Antwort auf die Frage Was tut? nennen wir **Prädikat**.
Das Subjekt und das Prädikat sind **Satzglieder**.

Im Jugendklub tut jeder das, was ihm Spaß macht.
Der Jugendklub bietet verschiedene Möglichkeiten.

Alexej und Cem

Moritz

Julka und Ayla

Louisa

 **3** Wer tut was im Jugendklub?
Schreibe Sätze in dein Heft.
Wähle aus:
- Verwende die Satzschalttafel.
- Oder bilde eigene Sätze.

Wer?	Was tut?	Wen oder Was?
Alexej und Cem Zwei Jungen Julka und Ayla Zwei Mädchen	spielen trainieren üben	Schach. ein Brettspiel. einen Tanz. Tanzschritte.
Moritz Sven Ein Junge Louisa Sonja Ein Mädchen	sieht schreibt backt zeichnet macht	einen Film. Hausaufgaben. einen Brief. ein Bild. einen Kuchen.

Mit Satzgliedern spielen

Mit Wortkarten könnt ihr Sätze bilden.

Meine Schwester feiert ihren Geburtstag .

Ihren Geburtstag feiert meine Schwester .

1 a. Wie unterscheiden sich die Sätze?
b. Welche Wörter werden immer zusammen umgestellt?

> Wörter, die wir immer zusammen umstellen,
> bilden ein **Satzglied**.

2 Gestaltet gemeinsam das Wortkarten-Spiel.

Das Wortkarten-Spiel

Ihr braucht: grüne, rote und blaue Wortkarten.

So geht's:
- Schreibt die Wörter mit der passenden Farbe
  auf die Wortkarten.
- Legt die Karten auf den Tisch. Bildet Sätze.

Nadine Simon hat bastelt ihren Geburtstag

Fabian Hanna feiert trinkt Ferien eine Limo viele Flugzeuge

3 a. Schreibe die Sätze in dein Heft ab. Denke daran: → Sätze abschreiben: Seite 285
- Schreibe den Satzanfang groß.
- Setze am Satzende einen Punkt.
b. Markiere die Satzglieder farbig.

Meine Schwester feiert ihren Geburtstag .

Mit Satzgliedern können wir auch Fragen bilden.

 4 a. Nehmt die Wortkarten.
  b. Bildet Fragen.

➡ Feiert meine Schwester ihren Geburtstag ?

 5 a. Schreibt die Fragen von Aufgabe 4 in euer Heft ab.
  b. Markiert die Satzglieder farbig.

Wir stellen Fragen, wenn wir etwas wissen wollen.

Trinkst du Saft?
Schmeckt der Kuchen?
Hören wir Musik?

 **6** a. Lest die Fragen.
  b. Welches Satzzeichen steht immer am Satzende?

❗ Am Ende einer Frage steht ein **Fragezeichen**.

 7 a. Schreibe die Fragen von Aufgabe 6 in dein Heft ab.
  b. Markiere die Fragezeichen.

8 a. Stellt euch gegenseitig Fragen.
  b. Schreibt die Fragen in euer Heft.

Wissenswertes auf einen Blick

Fabeln sind kleine Geschichten,
in denen Tiere wie Menschen handeln.

→ Fabeln lesen und untersuchen kannst du auf Seite 160–169

- Die **Tiere** können **sprechen**.
- Sie haben **bestimmte Eigenschaften**.
- Es gibt in Fabeln oft **Gegensätze**.
- In Fabeln gibt es oft **eine List**.
- Am Ende steht oft **eine Lehre**.
  Sie sagt, was man aus der Fabel lernen kann.

Sagen wurden mündlich weitererzählt.

→ Sagen lesen und untersuchen kannst du auf Seite 148–157

- In Sagen wird von **ungewöhnlichen Orten**, **Personen** oder **Ereignissen** erzählt.
- Oft gab es die Orte, Personen oder Ereignisse **wirklich**.
- Vieles ist jedoch **erfunden**.

Ein **Gedicht** ist oft ein kurzer Text.
Gedichte können sich reimen.

→ Gedichte lesen und untersuchen kannst du auf Seite 172–180

- In Gedichten nennt man die Zeilen **Verse**.
- In manchen Gedichten gibt es Abschnitte.
  Sie heißen **Strophen**.
- Wenn zwei Wörter ähnlich klingen, nennen wir das **Reim**.

Es gibt verschiedene **Reimformen**:

der **Paarreim**		der **Kreuzreim**	
fliegen	a	Straße	c
wiegen	a	Rock	d
auch	b	Nase	c
Strauch	b	Stock	d

Ich kann ein Gedicht **auswendig lernen**.

→ Ein Gedicht auswendig lernen kannst du auf Seite 175

⚙ Arbeitstechnik

Ein Gedicht auswendig lernen

- Ich lese die ersten beiden Verse mehrmals.
- Ich merke mir die Verse.
- Ich decke die Verse ab.
- Ich sage die Verse auswendig auf.
- Ich vergleiche mit dem Gedicht.
- Ich lerne Teil für Teil so auswendig.

Einen ersten Eindruck von einem **Buch** bekommst du durch das Cover, den Klappentext und einen Buchausschnitt.

→ Ein Buch auswählen kannst du auf Seite 130–135

⚙ Arbeitstechnik

Ein Buch auswählen

- Worüber informiert das **Buchcover**? Schreibe auf:
  - den Buchtitel
  - den Namen vom Autor
- Was erzählt der **Klappentext**? Schreibe kurz auf.
- Was erfährst du in einem **Buchausschnitt**? Schreibe auf:
  - Wer ist die Hauptperson?
  - Wo und wann spielt die Geschichte?
- Welche **Textstelle** gefällt dir besonders? Schreibe auf. Begründe deine Auswahl.
- Möchtest du das Buch gern lesen? Begründe.

Du kannst ein **Buch** in der Klasse **vorstellen**.

→ Ein Buch vorstellen kannst du auf Seite 135

⚙ Arbeitstechnik

Ein Buch vorstellen

- Zeige den Zuhörern das **Buchcover**.
- Nenne den **Titel** und den **Autor**.
- Stelle die **Hauptpersonen** vor: Wer?
- Erzähle kurz etwas über den **Inhalt**: Wo? Wann? Was?
- Erkläre, **warum** dir das Buch **gefällt**.
- Lies einen **Buchausschnitt** vor.

Der **Textknacker** hilft mir, Texte zu lesen und zu verstehen.

→ Den Textknacker findest du auf Seite 34–36, 38, 39, 40, 44–45, 52–53, 62–63, 70–71, 80–81, 88, 98, 132–135, 136–139, 140, 144, 149, 150, 156, 190–193

1. Schritt: Vor dem Lesen
Bilder helfen mir, den Text besser zu verstehen.
Die **Überschrift** sagt mir etwas über den Text.

- Ich sehe mir die Bilder an.
- Ich lese die Überschrift.
- Worum könnte es in dem Text gehen?

2. Schritt: Das erste Lesen
Ein Text hat **Absätze**.
Was in einem Absatz steht, gehört zusammen.
Die **Schlüsselwörter** im Text sind besonders wichtig.
Einige **Wörter** werden unter dem Text **erklärt**.

- Ich zähle die Absätze.
- Ich lese die hervorgehobenen Schlüsselwörter.
- Ich lese die Worterklärungen.
- Was weiß ich jetzt?

3. Schritt: Den Text genau lesen
Erst **der ganze Text** sagt mir, worum es geht.

- Ich lese den ganzen Text – Absatz für Absatz.
- Was habe ich erfahren?

4. Schritt: Nach dem Lesen
Ich habe den ganzen Text gelesen.
Jetzt kann ich etwas aufschreiben.

- Ich schreibe zu jedem Absatz etwas auf.
  Ich schreibe die wesentlichen Informationen auf.
- Ich schreibe auf, was für mich wichtig ist.

**Der Aufgabenknacker hilft mir,
eine Aufgabe zu verstehen und zu bearbeiten.**

→ Den Aufgabenknacker findest du auf Seite 188–189

1. Schritt: Genau lesen

- Ich lese die Aufgabe genau.
  Ich achte besonders auf das Verb (Tunwort).
- Ich überlege, **was** ich **tun** soll.

2. Schritt: Überlegen, was zur Lösung gehört

- Ich überlege, **was genau** ich tun soll.
- Ich überlege, **wie** ich es tun soll.

3. Schritt: Mit eigenen Worten wiedergeben

- Ich übersetze die Aufgabe mit meinen Worten.

Diese Verben sagen mir, was ich tun soll:

Nenne	Ich soll etwas aufzählen.
Erzähle … nach	Ich soll den Inhalt von etwas wiedergeben.
Finde	Ich soll etwas entdecken.
Markiere	Ich soll etwas hervorheben, zum Beispiel so: das R(a)d, <u>die Schule</u>, das Buch.
Vergleiche	Ich soll Gemeinsamkeiten und Unterschiede finden.
Beschreibe	Ich soll wiedergeben, wie etwas aussieht oder funktioniert.

**Ein Diagramm kann zusätzliche Informationen
zu Sachtexten enthalten.**

→ Ein Diagramm lesen kannst du auf Seite 41

⚙️ Arbeitstechnik

Ein Diagramm lesen

- Ich **lese die Überschrift**. Sie nennt mir das Thema.
- Ich lese **die Erklärungen**, zum Beispiel die Beschriftung der Achsen.
- Ich **sehe** mir das Diagramm **genauer an**.
- Beim Säulendiagramm gilt:
  - Je höher eine Säule ist, umso größer ist die Menge.
  - Die Zahl bei jeder Säule gibt an, wie groß die Menge ist.

**Beim Schreiben von Texten helfen mir
die Schritte 1–3 vom Schreibprofi.**

→ Mit dem Schreibprofi
schreiben kannst du auf
Seite 77, 82–83, 146–147,
208–209

1. Schritt: Vor dem Schreiben
Ich **überlege**.

- **Für wen** will ich schreiben?
  - Schreibe ich für mich?
    oder
  - Schreibe ich für andere?
  Wer liest, was ich geschrieben habe?
- **Was** will ich schreiben?

2. Schritt: Beim Schreiben
Nun **schreibe** ich.

- Ich schreibe Wörter oder Sätze auf.
- Ich kann Hilfen benutzen, zum Beispiel ein Wörterbuch
  für die Rechtschreibung.

3. Schritt: Nach dem Schreiben
Ich **prüfe**.
Ich **überarbeite**.

Ich prüfe.
- Kann ich meine Wörter oder meine Sätze lesen und
  verstehen?
- Kann ein anderer aus der Klasse meine Wörter oder
  meine Sätze lesen und verstehen?

Ich überarbeite.

**In einem Cluster kann ich Ideen
zu einem Thema sammeln.**

→ Einen Cluster zeichnen
kannst du auf Seite 103

⚙ Arbeitstechnik

Der Cluster

- Ich nehme ein **Blatt** Papier.
- Ich schreibe in die Mitte das **Thema**.
  Ich **kreise** das Thema **ein**.
- Ich schreibe meine **Ideen** zum Thema rundherum.
  Ich **kreise** jede Idee **ein**.
- Ich **verbinde** die Ideen **durch einen Strich** mit dem Thema
  in der Mitte.

**Ich kann wichtige Informationen oder
einen längeren Text in Stichworten zusammenfassen.**

→ Stichworte aufschreiben
kannst du auf Seite 41, 50,
51, 54, 63, 77, 82, 107, 149,
155, 157, 165, 209

⚙ Arbeitstechnik

Stichworte aufschreiben

Ich schreibe pro Stichwort nur wenige Wörter auf.
- Ich überlege, was **die wichtigen Informationen** sind.
  Dabei helfen mir die Fragen: Wo? Was? Wie?
- Ich schreibe zu den wichtigen Informationen
  Wörter und **Wortgruppen** auf.

In einer Schreibkonferenz überarbeitet ihr gemeinsam eure eigenen Texte.

→ Eine Schreibkonferenz durchführen könnt ihr auf Seite 202–203

⚙ Arbeitstechnik

Eine Schreibkonferenz durchführen

- Einer **liest** seinen **Text vor**. Die anderen **hören** genau **zu**.
  - Was **gefällt** euch **gut**?
  - Was habt ihr **nicht verstanden**?
- **Überarbeitet** gemeinsam den Text, bis er euch gefällt. Überarbeitet zum Beispiel:
  - die **Satzanfänge**
  - die **Verben** (Tunwörter)
  - die **Adjektive** (Wiewörter)
- Überprüft, ob alles **richtig geschrieben** ist.
- Schreibt zum Schluss den überarbeiteten Text ordentlich auf.

In einer Tabelle kann ich Informationen geordnet aufschreiben.

→ Eine Tabelle zeichnen kannst du auf Seite 19, 27, 38, 45, 167, 207, 212, 220, 222, 249

⚙ Arbeitstechnik

Eine Tabelle zeichnen

- Ich brauche ein kariertes **Blatt**, einen **Bleistift** und ein **Lineal**.
- Ich lege das Blatt mit der langen Seite vor mich hin.
- Ich zeichne eine lange Linie. Das ist die **Zeile**.
- Nun teile ich die Linie in gleich große Teile. Das sind die **Spalten**.
- In jede Spalte schreibe ich eine Überschrift.

Ich kann über ein Ereignis oder einen Tag **sachlich berichten**.

➜ Sachlich berichten kannst du auf Seite 73, 77

⚙ Arbeitstechnik

Sachlich berichten

- Beim Berichten schreibe ich **nur wichtige Angaben** auf. Dazu **beantworte** ich knapp und genau **die W-Fragen**: Wann? Wo? Wer? Was geschah?
- Ich **beachte** die **Reihenfolge**.
- Ich berichte im **Präteritum** (Vergangenheit).

Ich kann **beschreiben**, wie eine **Person** aussieht und wie sie auf mich wirkt.

➜ Eine Person beschreiben kannst du auf Seite 141

⚙ Arbeitstechnik

Eine Person beschreiben

Beschreibe eine Person mit Hilfe der folgenden Fragen:
- **Wie** sieht die Person **insgesamt** aus?
- **Wie** sieht das **Gesicht** aus?
- **Wie** sehen die **Haare** aus?
- **Wie** sieht die **Kleidung** aus?
- **Was fällt** dir an der Person **besonders auf**?
- **Wie wirkt** die Person auf dich?

Ich kann beschreiben, wie ein Spiel funktioniert. Dazu kann ich eine **Spielanleitung** schreiben.

➜ Eine Spielanleitung schreiben und überarbeiten kannst du auf Seite 59, 202–203

⚙ Arbeitstechnik

Eine Spielanleitung schreiben

Folgende Informationen benötige ich für eine Spielanleitung:
- der Name: **Wie heißt** das Spiel?
- das Ziel: **Was** soll man **erreichen**?
- die Mitspieler: **Wie viele Spieler** können mitspielen?
- das Material: **Was braucht** man für das Spiel?
- die Vorbereitung: **Wie bereitet** man das Spiel **vor**?
- die Durchführung: **Wie spielt** man das Spiel?

Wenn wir miteinander diskutieren, achten wir auf bestimmte Regeln.

→ Miteinander diskutieren könnt ihr auf Seite 26–29

⚙ Arbeitstechnik

Miteinander diskutieren

- Wir lassen uns ausreden.
- Wir hören uns gegenseitig zu.
- Wir beleidigen uns nicht.
- Wir lachen uns nicht aus.
- Wir sprechen nur zum Thema.

Ich kann meine Meinung äußern und begründen.

→ Deine eigene Meinung formulieren und begründen kannst du auf Seite 26–29, 90–92, 98–101

⚙ Arbeitstechnik

Die eigene Meinung begründen

- Ich habe eine **Meinung**.
- Ich finde für meine Meinung **passende Gründe**: Gründe dafür oder Gründe dagegen.
- Ich **ordne** die Gründe **in einer Tabelle**.
- Ich **veranschauliche** meine Gründe **mit Beispielen**.

In einem Kurzvortrag kann ich andere über ein Thema informieren.

→ Einen Kurzvortrag vorbereiten kannst du auf Seite 54–55, 62–63

⚙ Arbeitstechnik

Einen Kurzvortrag vorbereiten, üben, halten

- Ich **wähle ein Thema aus**.
- Ich **sammle Informationen** zu dem Thema.
- Ich **schreibe Stichworte** auf Karteikarten.
- Ich **nummeriere die Karteikarten** in der richtigen Reihenfolge.
- Ich **markiere wichtige Wörter** farbig.
- Was sage ich am Anfang? Was sage ich zum Schluss? Ich schreibe auf Karteikarten.
- Ich **übe meinen Kurzvortrag**.

Beim Kurzvortrag sprechen wir zu den Zuhörern. Deshalb ist es wichtig, wie wir sprechen.

→ Frei vortragen übst du auf Seite 55, 63

⚙ Arbeitstechnik

Frei vortragen

- **Ich stelle mich** so hin, dass **alle mich sehen** können.
- Ich versuche, **frei** zu **sprechen** und wenig abzulesen.
- Ich spreche **langsam** und **deutlich**.
- Ich spreche **in Sätzen**.
- **Ich sehe** beim Sprechen **die Zuhörer an**.
- **Ich zeige** an passenden Stellen **Bilder** und **Materialien**.

Wenn wir andere über etwas informieren wollen, können wir ein Plakat gestalten.

→ Ein Plakat gestalten könnt ihr auf Seite 19, 37, 64–65, 217

⚙️ Arbeitstechnik

Ein Plakat gestalten

- Wir **brauchen**: einen großen **Plakatkarton**, einen **Bleistift**, ein **Lineal**, einen **Klebestift** und **dicke Stifte**.
- Wir **entscheiden, was wir präsentieren** wollen: Welche Informationen (groß und lesbar) und welche Bilder?
- Wir **wählen ein Format** aus: Hochformat oder Querformat?
- Wir **überlegen, wie das Plakat aussehen soll**:
  - Wo steht die Überschrift?
  - Wie viel Platz brauchen wir für die Informationen?
  - Wohin kommen die Bilder?
- Wenn unsere **Anordnung übersichtlich** ist, **kleben** wir die Blätter und Bilder **auf**.
- Zum Schluss **schreiben** wir **die Überschrift** auf das Plakat.

Ihr könnt eine Szene vor anderen spielen.

→ Eine Szene spielen könnt ihr auf Seite 109, 119

⚙️ Arbeitstechnik

Eine Szene spielen

- Legt fest, welche Figuren es gibt. **Verteilt** die **Rollen**.
- Schreibt den **Text** für jede Rolle auf eine **Rollenkarte**.
- **Markiert** Wörter, die ihr **besonders betonen** möchtet.
- Schreibt Angaben zur Körperhaltung und zum Gesichtsausdruck auf.
- Lernt euren **Text auswendig**.
- **Übt gemeinsam**, die Szene zu spielen.
- **Besprecht**, was ihr vielleicht verändern wollt.

Damit Gruppenarbeit gelingt, halten alle Regeln ein.

→ Regeln für die Gruppenarbeit findest du auf Seite 19–20

⚙ Arbeitstechnik

Regeln für die Gruppenarbeit

- **Jeder** erhält **eine Aufgabe**.
- Alle arbeiten **gemeinsam**.
- Jeder arbeitet **mit jedem** zusammen.
- **Keiner lenkt** die Gruppe **ab**.
- **Keiner meckert** über die Aufgabe.
- Einer **leitet** die Gruppe,
  einer **schreibt**,
  einer **misst die Zeit**,
  einer **schlägt** im Wörterbuch **nach** und
  einer **trägt** das Ergebnis **vor**.

Ihr könnt zusammen ein Standbild bauen.

→ Ein Standbild bauen könnt ihr auf Seite 15

⚙ Arbeitstechnik

Ein Standbild bauen

- Entscheidet, **wer welche Person** darstellt.
  Das sind die Darstellerinnen und Darsteller.
- **Achtet auf die Körperhaltung** (Gestik) und
  den **Gesichtsausdruck** (Mimik).
- Die **Darstellerinnen** und **Darsteller** stellen sich
  unbeweglich auf. Niemand spricht.
- Die **anderen beraten** und **korrigieren**.

Die Wortprofis

So schreibe ich Wörter ab.

 So schreibe ich Mitsprechwörter ab.

→ Mitsprechwörter abschreiben kannst du auf Seite 214, 215, 239

1. Ich lese das Wort.

2. Ich spreche das Wort Silbe für Silbe.

3. Ich höre , wie ich das Wort schreiben muss.

4. Ich decke das **Mitsprechwort** zu.

5. Ich spreche das Wort Silbe für Silbe und schreibe dabei.

6. Ich spreche das Wort und male **einen Bogen unter jede Silbe**.

7. Ich vergleiche.

8. Ich verbessere.

 So schreibe ich Nachdenkwörter ab.

→ Nachdenkwörter abschreiben kannst du auf Seite 215, 228–229, 239

1. Ich lese das Wort **Kind**.

2. Ich spreche das Wort Silbe für Silbe.

3. Ich denke nach und **erkläre**, wie ich das Wort schreiben muss.
   – Ich verlängere das Wort.
   – Ich suche ein verwandtes Wort.

4. Ich decke das **Nachdenkwort** zu.

5. Ich spreche das Wort Silbe für Silbe und schreibe dabei.

6. Ich schreibe in Klammern die **Erklärung**: das Kind (→ die Kinder), die Bäume (→ der Baum)

7. Ich vergleiche.

8. Ich verbessere.

So schreibe ich Merkwörter ab.

→ Merkwörter abschreiben kannst du auf Seite 216, 239

1. Ich lese das Wort **Zahn**.

2. Ich spreche das Wort Silbe für Silbe.

3. **Ich merke mir** ![!],
   wie ich das Wort schreiben muss.

4. Ich decke das **Merkwort** zu.

5. Ich spreche das Wort
   Silbe für Silbe und schreibe dabei.

6. Ich kreise die **Merkstelle** im Wort ein:
   der Za(h)n

7. Ich vergleiche.

8. Ich verbessere.

Der Satzprofi

So schreibe ich Sätze ab.

→ Sätze abschreiben kannst du auf Seite 216, 218, 221, 223, 225, 227, 229, 270

1. **Ich lese** den ersten Satz.

2. **Ich merke mir** die Wörter
   bis zum Strich genau.

3. Ich decke die Wörter ab.

4. **Ich schreibe** die Wörter auf.

5. **Ich vergleiche**.
   Ich streiche Fehlerwörter durch.

6. Ich schreibe die Wörter
   richtig über die Fehlerwörter.

7. Ich schreibe Teil für Teil so ab.

Buchstaben und Laute

→ Übungen zu Buchstaben und Lauten findest du auf Seite 212–213, 214–217, 228–229

A, e, i, o, u bringen Wörter zum **Klingen**.
A, e, i, o, u heißen **Vokale (Selbstlaute)**.
Die meisten anderen heißen **Konsonanten (Mitlaute)**.

Manchmal sind **zwei Vokale** verbunden.
Auch **verbundene Vokale (Zwielaute)**
bringen Wörter zum Klingen: ei au eu

Auch **Ä, ä, Ö, ö, Ü, ü** sind Vokale. Wir nennen sie **Umlaute**.

Nach einem **langen Vokal** steht meist
nur ein Konsonant: der Bruder.
Nach einem **kurzen Vokal** stehen zwei oder
mehr Konsonanten: die Lust.

Stehen nach einem **kurzen Vokal** zwei **gleiche
Konsonanten**, nennen wir sie **Doppelkonsonanten**: toll.

Buchstabe – Silbe – Wort

Wörter bestehen aus einzelnen **Buchstaben**: e, k, r.

Wenn wir Wörter klatschen, hören wir **Silben**.
Manche **Wörter** bestehen nur **aus einer Silbe**: wir.
Viele Wörter bestehen **aus mehreren Silben**: Schule.

Aus Wörtern können wir **Sätze bilden**.
Es gibt **kurze** Sätze: Komm!
Und es gibt **lange** Sätze: Wir gehen in die Schule.

Großschreibung

→ Übungen zur Großschreibung findest du auf Seite 220

Einige Wörter schreiben wir **immer groß**. Wir nennen sie **Nomen (Namenwörter)**: der Baum, das Kind, die Zeit.

Am **Satzanfang** schreiben wir **immer groß**. Nach einem Punkt, Fragezeichen oder Ausrufezeichen schreiben wir immer groß.

Zeichensetzung

→ Übungen zur Zeichensetzung findest du auf Seite 226–227

Am Ende von einem **Aussagesatz** steht ein **Punkt**. Der Mann geht mit seinem Hund spazieren.

Am Ende von einem **Fragesatz** steht ein **Fragezeichen**. Was sagt der Mann?

Am Ende von einem **Aufforderungssatz** oder von einem **Ausrufesatz** steht meistens ein **Ausrufezeichen**. Sitz!

Die Teile einer Aufzählung werden durch Komma getrennt. Vor **und** steht kein Komma.

Wortart: Nomen

→ Übungen zu Nomen (Namenwörtern) findest du auf Seite 114–115, 220–221, 248–249

Nomen (Namenwörter) schreiben wir immer **groß**.
Zu den Nomen gehört meist ein **Artikel (Begleiter)**:
der, das, die.

Nomen bezeichnen **Lebewesen** (Menschen, Tiere, Pflanzen) und **Gegenstände**:
die Frau, der Esel, die Blume, das Bett.

Nomen bezeichnen auch **gedachte Dinge**:
die Zeit, das Leben, der Tag.

Nomen können in der **Einzahl** (Singular)
und in der **Mehrzahl** (Plural) stehen:
das Wort – die Wörter.

Zusammengesetzte Nomen haben immer
den Artikel (Begleiter) vom **zweiten** Nomen:
der Vogel + (das) Nest = (das) Vogelnest.

Wortart: Verben

→ Übungen zu Verben (Tunwörtern) findest du auf Seite 78–79, 96–97, 224–225, 250, 252–257

Manche Wörter sagen, was wir **tun**.
Diese Wörter nennen wir **Verben (Tunwörter)**: lesen.

Wenn wir **über Vergangenes schreiben**,
benutzen wir Verben im **Präteritum**: er machte.

Wenn wir **über Vergangenes mündlich erzählen**,
benutzen wir Verben im **Perfekt**: er ist gekommen.

Wortart: Adjektive

Adjektive (Wiewörter) sagen, wie etwas ist:
groß – größer als … – am größten

→ Übungen zu Adjektiven (Wiewörtern) findest du auf Seite 222–223, 251, 260–263

Adjektive beschreiben Nomen genauer.
Sie können **zwischen Artikel und Nomen** stehen:
ein großer Salat, ein kleines Ei, eine rote Paprika

Wortart: Personalpronomen

→ Übungen zu Personalpronomen findest du auf Seite 24–25

Die Wörter **ich, du, er/es/sie, wir, ihr, sie**
sind **Personalpronomen**.
Sie stehen für bestimmte Personen oder Gegenstände.

der Käse – er   Paul – er
das Brot – es   die Mutter – sie
die Tomate – sie

Wortart: Präpositionen

→ Übungen zu Präpositionen findest du auf Seite 60–61, 264–265

Mit Präpositionen kannst du ausdrücken,
wo etwas ist oder **wohin** etwas kommt:

Wo? Die Muschel liegt auf dem Kies.
Wohin? Tobi legt die Muschel auf den Kies.

Satzglieder

→ Übungen zu Satzgliedern findest du auf Seite 266–271

Die Antwort auf die Frage **Wer?** nennen wir **Subjekt**.
Die Antwort auf die Frage **Was tut?** nennen wir **Prädikat**.
Das Subjekt und das Prädikat sind **Satzglieder**.

A

Ab, ab	der Abend, die Abende	74, 129, 241
	aber	39
	ablenken (er lenkt ab, er lenkte ab)	19
	abnehmen (er nimmt ab, er nahm ab)	68
Al, al	alle	20, 133, 214, 218
	allein	17, 24, 35, 87–89, 93, 136
	alles	144
	alt, älter, am ältesten	52, 53, 186, 229
An, an	anbieten (er bietet an, er bot an)	70, 187
	anders	131
	die Angst, die Ängste	138, 228, 238
	ängstlich, ängstlicher, am ängstlichsten	228, 238
	ankommen (er kommt an, er kam an)	215
	anrufen (er ruft an, er rief an)	81
	anschließend	169
	ansehen (er sieht an, er sah an)	55
	antworten	117, 162, 169, 187
	(sich) anziehen (er zieht sich an, er zog sich an)	41
Ap, ap	der Apfel, die Äpfel	117, 229, 260, 266
	die Apotheke, die Apotheken	134
Ar, ar	die Arbeit, die Arbeiten	78, 105, 221
	arbeiten	19, 20, 72, 104
	der Ärger	223
	ärgerlich, ärgerlicher, am ärgerlichsten	223
	(sich) ärgern	192
	der Arzt, die Ärzte	156
As, as	der Ast, die Äste	216
At, at	der Atlas, die Atlanten	151
Au, au	auf	60, 264, 265
	die Aufgabe, die Aufgaben	16, 19, 20, 188, 189
	aufgeben (er gibt auf, er gab auf)	105
	die Aufregung, die Aufregungen	187
	aufschreiben (er schreibt auf, er schrieb auf)	17
	aufstellen (er stellt auf, er stellte auf)	74
	aufwachen (er wacht auf, er wachte auf)	228
	das Auge, die Augen	69, 141, 184, 186
	ausräumen (er räumt aus, er räumte aus)	74
	aussehen (er sieht aus, er sah aus)	140, 172
	aussterben (er stirbt aus, er starb aus)	35
	auswählen (er wählt aus, er wählte aus)	128
	das Auto, die Autos	213

B

Ba, ba	das Baby, die Babys	154
	backen (er bäckt, er backte)	78, 79
	baden	156
	die Bahn, die Bahnen	217
	bald	40, 42, 228
	der Ball, die Bälle	215, 229
	der Bär, die Bären	114, 115
	der Barbier, die Barbiere	67, 68
	der Bart, die Bärte	70
	basteln	54
	die Batterie, die Batterien	138
	der Bauch, die Bäuche	229
	bauen	154, 256
	die Bäuerin, die Bäuerinnen	229
	der Baum, die Bäume	80, 81, 228, 238
Be, be	bearbeiten	76
	beginnen (er beginnt, er begann)	35, 39, 40, 105
	begründen	90
	begrüßen	224, 238

K

Ka, ka	kalt, kälter, am kältesten	44, 229
die	Karte, die Karten	221
der	Käse, die Käse	74
die	Katze, die Katzen	80, 81, 114, 115, 144, 186
	kaufen	74, 75, 252, 256
Ke, ke	kennen (er kennt, er kannte)	62, 183
die	Kerze, die Kerzen	61, 108
Ki, ki	das Kind, die Kinder	174
Kl, kl	die Klasse, die Klassen	88, 184, 214
	der Klee	221
	das Kleid, die Kleider	249, 251
	klein, kleiner, am kleinsten	38, 112, 162, 251, 263
	klettern	80, 81, 162, 192, 228
	klopfen	16, 71, 78, 79, 149
	klug, klüger, am klügsten	161
Kn, kn	der Knall, die Knalle	215
	kneten	78, 79
	das Knie, die Knie	116
Ko, ko	die Köchin, die Köchinnen	227
	kommen (er kommt, er kam)	72, 75, 215
	können (er kann, er konnte)	97, 183, 214, 219, 238
	der Kopf, die Köpfe	138, 164, 183–185
	der Korb, die Körbe	74
	der Körper, die Körper	44, 106
	kosten	51, 81
Kr, kr	die Kraft, die Kräfte	63, 180, 238
	kräftig, kräftiger, am kräftigsten	222, 228, 238
Ku, ku	kurz, kürzer, am kürzesten	41, 251

L

La, la	lachen	86, 89, 93, 96, 184, 256
die	Lampe, die Lampen	60, 134, 218, 238
das	Land, die Länder	86, 150, 184
	lang, länger, am längsten	106, 229, 238, 251
	langsam, langsamer, am langsamsten	55, 140, 162
der	Lappen, die Lappen	237
	lassen (er lässt, er ließ)	75, 214
	laufen (er läuft, er lief)	24, 116, 162, 164, 254, 255
Le, le	leben	35, 38, 44, 104
	leer	137
	legen	60, 79, 252
der	Lehrer, die Lehrer	255
die	Lehrerin, die Lehrerinnen	220
	leicht, leichter, am leichtesten	56, 106, 112
	leider	184
	leise, leiser, am leisesten	16, 105
die	Leiter, die Leitern	81, 227
	lernen	42, 62
	lesen (er liest, er las)	17, 24, 184, 250
Li, li	das Licht, die Lichter	134, 138, 140
	das Lied, die Lieder	30, 32
	liegen (er liegt, er lag)	228
	links	138
die	Lippe, die Lippen	141, 182
Lo, lo	der Löffel, die Löffel	70
	der Löwe, die Löwen	228
Lu, lu	die Luft, die Lüfte	41, 116, 140, 215
die	Lust, die Lüste	212
	lustig, lustiger, am lustigsten	222

M

Ma, ma	machen	24, 172, 202
das	Mädchen, die Mädchen	53, 140
	malen	212
	manchmal	129, 172
der	Mann, die Männer	116, 193
der	Mantel, die Mäntel	45, 251
der	Markt, die Märkte	66, 67, 71, 74

Alle Texte auf einen Blick

Textquellen

Arold, Marliese (geb. 1958 in Erlenbach am Main): Magic Girls. Der verhängnisvolle Fluch (S. 184) (vereinfachter Text). Aus: Magic Girls. Der verhängnisvolle Fluch. München (arsEdition) 2008, S. 65–67.

Aslan, İpek: Im Mädchentreff (S. 60). Originalbeitrag.

Belli, Gioconda (geb. 1948 in Managua / Nicaragua): Die Gestalter aller Dinge (S. 104) (vereinfachter Text). Aus: Die Werkstatt der Schmetterlinge. Wuppertal (Peter Hammer Verlag) 2000, S. 16–18, 21–26.

Bense, Max (geb. 1910 in Straßburg; gest. 1990 in Stuttgart) wolke (S. 177). Aus: konkrete poesie. Hrsg. Max Bense. Stuttgart (Reclam) 1972.

Brender, Irmela (geb. 1935 in Mannheim): Wir (S. 24). Aus: Gedichte für Anfänger. Hrsg. Joachim Fuhrmann. Reinbeck (Rowohlt) 1980.

Cibulka, Hanns (geb. 1920 in Jägerndorf, heutiges Krnov / Tschechien; gest. 2004 in Gotha): Variationen über den Wind (S. 172). Aus: Was sieht die Ringeltaube? Hrsg. Edith George. Ostberlin (Der Kinderbuchverlag) 1978, S. 62 ff.

Endl, Thomas (geb. 1964 in Eichstätt): Karfunkelstadt. Der Turm der tausend Schatten (S. 133) (vereinfachter Text). Egmont (Schneiderbuch) 2009, S. 41, 54–56.

Gomringer, Eugen (geb. 1925 in Cachuela Esperanza / Bolivien): wind (S. 177). Aus: Worte sind Schatten. Reinbek (Rowohlt) 1969.

Heine, Heinrich (geb. 1797 in Düsseldorf; gest. 1856 in Paris): Der Wind zieht seine Hosen an (S. 173). Aus: Heines Werke in fünf Bänden, Bd. 1. Weimar (Volksverlag) 1961, S. 60.

Hunter, Erin: Warrior Cats. In die Wildnis (S. 186) (vereinfachter Text). Aus: Warrior Cats. In die Wildnis. Weinheim (Beltz & Gelberg) 2008, S. 28–30.

Jug, Sieglinde (geb. 1956 in Wolfsberg): Luftikus (S. 174). Aus: Lesart. Ein Leseprojekt von Lesekultur macht Schule. Hrsg. LESEKULTUR MACHT SCHULE – Lesepädagogik in Kärnten, Pädagogische Hochschule Kärnten 2006.

Kopisch, August (geb. 1799 in Breslau; gest. 1853 in Berlin): Die Heinzelmännchen (S. 78). Aus: Die Heinzelmännchen zu Köln. Köln (Emons) 2007.

Lenk, Fabian (geb. 1963 in Salzgitter): Die Pyramide der 1000 Gefahren (S. 136) (vereinfachter Text). Ravensburg (Ravensburger Buchverlag) 2006, S. 20, 33–34, 53, 80, 88–85.

Lethcoe, Jason (geb. 1967): Wings. Der mysteriöse Mr. Spines (S. 182) (vereinfachter Text). Aus: Wings. Der mysteriöse Mr. Spines. München (arsEdition) 2009, S. 80–83.

Retep, Hans (geb. 1956): Du bist wie das Meer (S. 180). http://www.hans-retep-gedichte.de/freundschaftsgedichte.php [Stand: 22.8.2011]. Mit freundlicher Genehmigung von Hans Retep.

Sempé, Jean-Jacques (geb. 1932 in Bordeaux / Frankreich) und **Goscinny, René** (geb. 1926 in Paris / Frankreich; gest. 1977 in Paris / Frankreich): Bonbon (S. 144) (vereinfachter Text). Aus: Neues vom kleinen Nick. Aus dem Französischen von Hans Georg Lenzen. Copyright der deutschsprachigen Ausgabe © 2005 Diogenes Verlag AG Zürich.

Stine, R. L. (geb. 1943 in Columbus, Ohio / USA): Die Geisterschule (S. 140) (vereinfachter Text). Aus: Die Geisterschule. München (Random House) 1999, S. 59–61.

Van Tiggelen, Norbert (geb. 1964 in Gelsenkirchen): Danke sagen (S. 96). http://www.gedichtesammlung.net/freundschaftsgedichte.php?id=1194 [Stand: 20.02.2013].

Unbekannte und ungenannte Verfasser, Originalbeiträge:
- Gruppenarbeit ist ganz schön schwer! (S. 16). Originalbeitrag.
- Diskussion über die Klassenfahrt (S. 26). Originalbeitrag.
- Kuckuck, Kuckuck, ruft's aus dem Wald (S. 32). Volkslied.
- Im Sturzflug ins fremde Nest: der heimische Kuckuck (S. 35). Originalbeitrag.
- verschiedene Kuckucks-Arten (S. 38). Originalbeitrag.
- Der heimische Kuckuck ist bedroht (S. 39). Originalbeitrag.
- Frühling bald schon im Januar? (S. 40). Originalbeitrag.
- Liebe Andrea (S. 42). Originalbeitrag.
- Gespräche über den heimischen Kuckuck (S. 43). Originalbeitrag.
- Kaiser-Pinguine – Spezialisten für das Leben in der Kälte (S. 44). Originalbeitrag.
- Verschiedene Hobbys (S. 52). Originalbeitrag.
- Herzlich willkommen bei der Jugendfarm Bonn (S. 54) (vereinfachter Text). http://www.jugendfarm-bonn.de/offenearbeit/jugendfarm/index.php [Stand: 22.8.2011].
- Cheerleading ist eine interessante Sportart (S. 62). Originalbeitrag.
- Ein Tag im Leben des Barbiers Johannes (S. 70). Originalbeitrag.
- Ein Tag im Leben der Marktfrau Grete (S. 74). Originalbeitrag.
- Der Schuhmacher Christian (S. 75). Originalbeitrag.
- Ein teurer Spaziergang (S. 80). Originalbeitrag.
- Die neuesten Studien (S. 87). Originalbeitrag.
- „Ich habe über 600 Freunde!" (S. 88). Originalbeitrag.
- Leserbriefe (S. 89). Originalbeiträge.
- Internet-Café geschlossen (S. 98). Originalbeitrag.
- Der Schmetterling (S. 112). http://www.gartenrausch.com/tag/schmetterlinge/ [Stand: 20.2.2013].
- Schmetterling – Flatterding (S. 112). http://blogya.de/Kruemelkeks/192684/+Schmetterling+-+Flatterding. html [Stand: 20.2.2013].
- Münchhausens Helfer bei einer Wette (S. 116). Vereinfachter Text.
- Wale stranden bei „gefährlichem" Wind (S. 129) (vereinfachter Text). http://www.geo.de/GEOlino/nachrichten/3840.html?eid=51988 [Stand: 22.8.2011].
- Drama um gestrandete Wale (S. 129) (vereinfachter Text). http://www.wasistwas.de/natur-tiere/alle-artikel/artikel/link//11111/article/drama-um-gestrandete-wale.html [Stand: 22.8.2011].
- Wie das Siebengebirge entstand (S. 149). Vereinfachter Text.
- Der eiserne Wolf (S. 150). Vereinfachter Text.
- Gediminas (S. 151). Originalbeitrag.
- Der Damm des Riesen (S. 154). Vereinfachter Text.
- Wie Karlovy Vary / Karlsbad gegründet wurde (S. 156). Vereinfachter Text.

Bildquellen

Illustrationen

Bereiche des Deutschunterrichts	Aufgaben	Seite	Kapitel
Sprechen und Zuhören			
zu anderen sprechen	deutlich und artikuliert sprechen	125	Medien: Blicke in die Welt
	literarische Texte nacherzählen	149	Sagenhafte Orte
		157	Eine Sage lesen
	eine Geschichte weitererzählen	136–139	Spannung von Anfang an
	über Leseerwartungen sprechen	130–131	Spannung von Anfang an
		182–187	Leseecke: Abenteuerliche Bücher
von anderen sprechen	frei vortragen	56	Komm mit, mach mit!
		63	Ich stelle das Cheerleading vor
	mit Hilfe von Stichworten und Medien	52–57	Komm mit, mach mit!
	anschaulich präsentieren und vortragen	62–65	Ich stelle das Cheerleading vor
	gestaltend vorlesen	104–105, 108–110, 113	Fantastisches
	Gedichte vortragen und auswendig lernen	175	Gedichte über den Wind
	ein Buch vorstellen	135	Spannung von Anfang an
mit anderen sprechen	Gesprächsregeln vereinbaren und beachten	21	Los geht's: Gemeinsam lernen
		29	Gespräche führen
	in der Gruppe arbeiten	12–21	Los geht's: Gemeinsam lernen
		202–203	Texte überarbeiten: Die Schreibkonferenz
	Meinungen formulieren und begründen	90–93	Beste Freunde
		98–101	Meinungen äußern und begründen
	diskutieren	26–29	Gespräche führen
		98–99	Meinungen äußern und begründen
verstehend zuhören	aufmerksam zuhören und Notizen machen	56	Komm mit, mach mit!
szenisch spielen	szenisch spielen	108–111	Fantastisches
		116–119	Eine Geschichte von Münchhausen spielen
	nonverbale Mittel einsetzen	15, 17	Los geht's: Gemeinsam lernen
		107–111	Fantastisches
		118–119	Eine Geschichte von Münchhausen spielen
	Standbild, Rollenspiel	15, 18	Los geht's: Gemeinsam lernen
Schreiben			
richtig schreiben	Rechtschreiben	212–213	Wiederholung: Buchstaben und Laute
		214–217	Mitsprechwörter – Nachdenkwörter – Merkwörter
		236–241	Die Arbeitstechniken
	richtig abschreiben	218–219, 214–217	Richtig abschreiben
Texte planen	planvoll schreiben	77	Auf den Spuren des Barbiers
		82–83	Berichten
		144–145	Spannende Geschichten schreiben
Texte schreiben	sachlich berichten	72–77	Auf den Spuren des Barbiers
		80–83	Berichten
		256–257	Grammatik: Verben verwenden
	ein Geschöpf beschreiben	107	Fantastisches
	eine Anleitung schreiben	58–59	Komm mit, mach mit!
	eine Einladung schreiben	208–209	Texte planen, schreiben, überarbeiten: Der Schreibprofi
	einen informativen Text schreiben	36–41	Kuckuck, Kuckuck …
	ein Plakat gestalten	19	Los geht's: Gemeinsam lernen
		37	Kuckuck, Kuckuck …
		65	Ich stelle das Cheerleading vor
	einen Leserbrief schreiben	90–92	Beste Freunde
	die eigene Meinung schriftlich begründen	90–93	Beste Freunde
		98–101	Meinungen äußern und begründen
	zu Bildern anschaulich schreiben	210	Kreatives Schreiben
	Gedichte und Parallelgedichte schreiben	24 25	Los geht's: Gemeinsam lernen
		60–61	Komm mit, mach mit!
		177	Gedichte über den Wind
		211	Kreatives Schreiben
	eine Geschichte weiterschreiben	136–139	Spannung von Anfang an
		146–147	Spannende Geschichten schreiben
	eine Fabel umschreiben	164–165	Fabelhafte Wettrennen

Das Buch wurde erarbeitet auf der Grundlage der Ausgabe von Renate Krull (Herausgeberin), Werner Bentin (Herausgeber), Şule Ekemen (Herausgeberin), Guido Becker, Werner Bentin, Ulrich Deters, Şule Ekemen, Martin Felber, Filiz Feustel, Renate Krull, Dorottya Mitsalis, Jutta Neumann, Martina Panzer, Katrin Placzek, Gerda Steininger, Stephan Theuer

Soweit in diesem Lehrwerk Personen fotografisch abgebildet sind und
ihnen von der Redaktion fiktive Namen, Berufe, Dialoge und Ähnliches zugeordnet
oder diese Personen in bestimmte Kontexte gesetzt werden,
dienen diese Zuordnungen und Darstellungen ausschließlich der Veranschaulichung
und dem besseren Verständnis des Inhalts.

Projektleitung: Gabriele Biela
Redaktion: Sandy Leistner, Susanne Weidmann
Bildrecherche: Petra Ebert, Sabine Kaehne

Umschlaggestaltung: Cornelsen Verlag Design/Klein & Halm Grafikdesign, Berlin
Umschlagfoto: JUNOPHOTO, Berlin
Layout und technische Umsetzung: Klein & Halm Grafikdesign, Berlin

www.cornelsen.de

Die Webseiten Dritter, deren Internetadressen in diesem Lehrwerk angegeben sind,
wurden vor Drucklegung sorgfältig geprüft. Der Verlag übernimmt keine Gewähr
für die Aktualität und den Inhalt dieser Seiten oder solcher, die mit ihnen verlinkt sind.

1. Auflage, 5. Druck 2023

Alle Drucke dieser Auflage sind inhaltlich unverändert und
können im Unterricht nebeneinander verwendet werden.

Druck und Bindung: Livonia Print, Riga

ISBN 978-3-06-063003-5

PEFC zertifiziert
Dieses Produkt stammt aus nachhaltig
bewirtschafteten Wäldern und kontrollierten
Quellen.
www.pefc.de
PEFC/12-31-006